En la memoria de la rosa

En la memoria de la rosa
Poesía reunida de Irene Duch Gary

Rubén Reyes Ramírez
(compilador y autor del estudio introductorio)

www.librosenred.com

Dirección General: Marcelo Perazolo

Está prohibida la reproducción total o parcial de este libro, su tratamiento informático, la transmisión de cualquier forma o de cualquier medio, ya sea electrónico, mecánico, por fotocopia, registro u otros métodos, sin el permiso previo escrito de los titulares del Copyright.

Primera edición en español - Impresión bajo demanda

© LibrosEnRed, 2021
Una marca registrada de Amertown International S.A.

ISBN: 978-1-62915-484-8

D.R. Ayuntamiento de Mérida, 2021
Dirección de Cultura
Calle 59 Núm. 463 por 52 y 54 Centro
C.P. 97000 Mérida, Yucatán, México

D.R. Universidad Modelo, 2021
Antigua carretera a Cholul s/n
C.P. 9735 Mérida, Yucatán, México

Para encargar más copias de este libro o conocer otros libros de esta colección visite www.librosenred.com

Ayuntamiento de Mérida 2018-2021

Lic. Renán Alberto Barrera Concha
Presidente Municipal

Lic. Alejandro Iván Ruz Castro
Regidor Secretario Municipal

Lic. Diana Mercedes Canto Moreno
Regidora Síndico Municipal

Mtro. Arturo León Itzá
Regidor Presidente de la Comisión de Cultura

C. Gloria María Alonso Tamayo
Regidora integrante de la Comisión de Cultura

Mtra. Nora Argelia Pérez Pech
Regidora integrante de la Comisión de Cultura

Lic. Ilse Gabriela Ponce Quintero
Regidora integrante de la Comisión de Cultura

M.B.I. Fausto Alberto Sánchez López
Regidor integrante de la Comisión de Cultura

Antrop. Irving Gamaliel Berlín Villafaña
Director de Cultura

Universidad Modelo

Ing. Carlos Sauri Duch
Rector

Ing. M.C. Carlos Elisio Sauri Quintal
Director General

Dra. Aymé Pacheco
Directora Valladolid

M.C. María Teresa Urzaiz Duch
Directora Chetumal

M.C. Luis Israel Ruiz Robertos
Director Vinculación y Promoción

Dr. Javier Estrada Contreras
Director de Centro de Investigaciones Silvio Zavala

Dr. Luis Jorge Urzaiz Duch
Director Escuela de Humanidades

Lic. Rosana Díaz Arjona
Coordinación de Cultura

Presentación

El Ayuntamiento de Mérida y la Universidad Modelo editan con orgullo este libro que reúne la poesía de Irene Duch Gary, como un homenaje respetuoso a su memoria.

Esta publicación significa para nosotros el deseo de hacer un profundo reconocimiento a su labor intelectual desarrollada en gran medida en nuestra Casa de Estudios y, al mismo tiempo, la certeza de ofrecer a la comunidad una obra de valor cultural y artístico.

Irene Duch Gary concentró su quehacer profesional en los terrenos de la pedagogía y la literatura. En estos campos elaboró notables estudios sobre formación para el trabajo y textos de creación poética.

En su obra, junto al rigor científico (teórico y metodológico) que la sustenta, se aprecia un enfoque filosófico de claro acento humanista, lo cual le brinda coherencia y amplitud de perspectiva. Tal rasgo característico, en el contenido académico y en la expresión artística, trasluce también la postura de ética personal que ella mantuvo a lo largo de la vida, con la que perfiló su pensamiento y ejerció su quehacer educativo y literario.

Así, con esa visión del mundo y actitud ética, la maestra Irene Duch encontró en la filosofía humanista de la Escuela Modelo un sitio natural de coincidencias y de encuentros con su pensamiento.

Abocándose al rescate, la sistematización y el desarrollo del modelismo —experiencia de educación básica y propuesta pedagógica de vanguardia para su época– la labor de la maestra Irene Duch nos dejó como legado el ideario y las bases del modelo educativo de nuestra Universidad.

Esta herencia contiene los fundamentos de nuestro pensamiento modelista universitario, pertinente para el mundo contemporáneo y constituye un aporte social que destaca el valor de la integración de la ciencia, el humanismo y el arte en la educación de nuestro tiempo.

Además de recordarla por su presencia entrañable, siempre lúcida y cordial entre nosotros, con este libro queremos mostrar, desde su voz poética, el perfil intelectual de creatividad y coherencia y el rostro humano de rectitud y nobleza que distinguía a la maestra Irene Duch Gary. Su mirada y su palabra son, sin duda, una fuente viva del pensamiento humanista que orienta a nuestra Universidad.

Evocando al profesor Luis Brito Pinzón, podemos decir con sus palabras: "Poesía, humanismo y pedagogía. He aquí el punto nodal en el que la Escuela Modelo ha querido, con la publicación […] contribuir al diálogo de la cultura contemporánea de Yucatán".

Quiero agradecer de manera especial los buenos oficios y el apoyo que el H. Ayuntamiento de Mérida (2018-2021) encabezado por el Lic. Renán Barrera Concha hace a nuestra Casa de Estudios, permitiendo la edición de este libro que es testimonio de la vocación modelista.

Ing. Carlos Sauri Duch
Rector
Universidad Modelo

Agradecimientos

Para la Escuela Modelo este libro representa un reconocimiento a la maestra Irene Duch, quien fuera autora del ideario pedagógico y de las bases del modelo educativo de nuestra Universidad.

Expresamos un profundo agradecimiento al rector Carlos Sauri Duch, al director general del Campus Mérida Carlos Sauri Quintal y a la Universidad Modelo, por auspiciar esta publicación; a Manuel y Pablo Mercader Duch, por sus aportaciones, sus remembranzas y por la confianza que nos brindaron; a José Luis Domínguez, Enna Evia, Roldán Peniche, Erik Quesnel y Mauricio Robert, por su apoyo en el acopio de materiales; a Mirza Rodríguez por su interlocución y ayuda técnica; a Patricia Etcharren, por su labor de cuidado de la edición y a Roger Campos Munguía, Françoise Garibay, Francisco López Cervantes, Marcela Montero y Nicole Ooms, por sus evocaciones personales.

En suma, gracias a éstas y todas las personas que, de maneras diversas, hemos coincidido en el sueño y la realización de esta obra, podemos ahora disfrutar la poesía reunida de Irene Duch Gary.

Mérida, Yucatán, diciembre de 2019
Rubén Reyes R.

...pero lo nuestro es pasar,
pasar haciendo caminos,
caminos sobre la mar.

Antonio Machado

Crónica de la bruma
Esquemas para aspirar un perfume de barro y de rocío

Un pincel en el aire

> *Todo está ahí, callado y taciturno*
> *como queriendo borrar del agua las*
> *[estrellas,*
> *de la luna los golpes heredados por la*
> *[lluvia*
> *de los años sin consuelo.*
>
> I. Duch G.

Trazar en el instante una pincelada sobre la poesía de Irene Duch Gary es, en realidad, intentar dibujarla a ella misma: a su actitud y su forma de entender y asumir la vida. Porque fue ese ser suyo en sus rasgos esenciales lo que plasmó en sus textos: en sus estudios pedagógicos y en sus poemas.

Para hablar entonces de Irene Duch como poeta, no es lícito encapsularnos en el atisbo del valor formal de su palabra, sutil y auténtica en poemas que se sostienen y se dan por entero con natural elegancia y sin perfeccionismos de estilo. Ello sería, en todo caso, una búsqueda periférica distante de la persona, de su mirada y aliento.

En palabras del Profr. Luis Brito: "Su poesía, como ella en lo personal, es sencilla como el pan, profunda como el silencio y transparente como un arroyo de agua límpida." (Brito Pinzón, 2003, p. 5).

Un acercamiento fecundo a la poesía de Irene requiere abordarla desde el nudo de su inconsútil textura humana, desde el centro donde se entrecruzan su visión del mundo y su expresión poética en ondulantes brotes de rebeldía y ternura, suavidad y firmeza, certidumbres y ensueños, dolor y esperanza.

Es en los umbrales de este sitio toral de luminosidad y penumbra —al que es dable asomarnos en su ausencia únicamente a través de la visitación a sus poemas y a los breves alumbramientos del recuerdo— donde podemos intentar desvelar algún hallazgo fiel, siempre velado por la nostalgia de su voz, de esa comunión intrínseca en que confluían su mirada y su palabra.

Hay en la raíz de este texto un puente existencial que me acerca a su silueta, el cual quiero reconocer. Expiaré así no una culpa sino un hecho afortunado que no deseo eludir: me declaro confeso del privilegio de haber gozado la amistad de Irene. Ya en cierta ocasión anterior, al dedicarle un poemario lo había escrito: "Para Irene y Manuel, cuya amistad ennoblece las horas de mi vida".

Quien quiera que haya tenido como yo, la fortuna de compartir su mesa de los manteles limpios donde la piedra de molino de la mirada y los sueños hacía que las cosas tomaran una dimensión clara de realidad, a un tiempo de materialidad y espiritualidad, donde el pan fuera pan y el vino, vino, sabrá que en este reconocimiento no hay un mínimo asomo de retórica ni de hipérbole condescendiente.

Desde la subjetividad del afecto, mi palabra fluye ahora con la limpieza de la honradez, porque sólo en ella puede perdurar el gesto mutuo del respeto a su poesía y su memoria.

Existen y podrán haber sin duda otras apreciaciones de su creación lírica, tan válidas como ésta; la que ofrezco aquí es naturalmente la mía personal. Es una evocación que busca transfundir algunos de los aromas del aliento espiritual de Irene Duch Gary y hacerlos gravitar, desde las páginas de sus poemas reunidos, en la claridad de un instante que nos roza la sonrisa por el envés del entrecejo.

La poesía en la vida

Yo escucho a la rosa hablar.
Me devuelve la emoción,
perdida en la incertidumbre
del tiempo fugaz de una estrella.
Y se siente la vida palpitándolo todo.

I. Duch G.

Al vislumbrar para compartir con ustedes el perfil humano de esta mujer y su poesía, quiero ubicarme desde el sitio elemental de un testigo y narrar al modo de una crónica, ciertas señales significativas de una experiencia duradera que tuvo, por suerte para mí, el privilegio de una vivencia cercana.

Conocí a Irene de las Mercedes Duch Gary, la joven pedagoga que retornaba de una experiencia de formación y trabajo en la UNAM y el IPN en la Ciudad de México, por referencias de sus alumnos de didáctica en la Facultad de Economía –foco universitario de renovación académica y política en Mérida durante los años setenta del siglo XX– quienes decían que en ella, en su práctica y sus propuestas como coordinadora de la tarea del aprendizaje, habían descubierto un camino eficaz y grato por donde iban construyendo una aventura compartida que correspondía mejor a los nuevos contenidos de los programas de estudio.

Supe luego a través de sus amigos cercanos, con quienes Irene Duch había emprendido un proyecto de preparatoria popular en Motul, Yucatán, que se trataba de una persona con gran rectitud y congruencia, al punto que un compañero estudiante de Antropología llegó a decir que ella era "toda una religión".

Al fin, me tocó coincidir con Irene y un grupo de atrevidos en la génesis del sindicalismo académico independiente en la Universidad de Yucatán[1] y más tarde compartir con ella labores de capacitación a campesinos y técnicos de la Península de Yucatán. Pude constatar entonces que en esa actitud de entereza y rectitud personal subyacían un pensamiento humanista de izquierda bien cimentado, una mirada lúcida del mundo y un gesto profundo de solidaridad, que erigían en la cumbre un ideal de utopía humana basado en la confianza en el hombre y la amistad personal como valor supremo.

Pero estos rasgos de su actitud y pensamiento que perfilaban su personalidad no eran sino las formas sensibles de una profunda espiritualidad. Si de acuerdo con Cindy Wigglesworth la espiritualidad es "la necesidad humana innata de estar conectado a algo más grande que nosotros, algo que consideramos divino o de nobleza excepcional" (2014, p. 19) en Irene ese vínculo con algo superior se afincaba en la nobleza de la humanidad y la hermosura de la naturaleza o el *kosmos*.

En las jornadas de la educación no formal que compartimos como campo de trabajo, aprecié algunas de las señales que nutrían la perspectiva pedagógica humanista y la postura ética personal de Irene, las cuales afloraban ante los hechos más simples o cotidianos, en una actitud de firmeza y generosidad surgida de una mirada a un tiempo crítica sobre la sociedad y esperanzada en el hombre y sus potencialidades de desarrollo como individuos y ser social.

A partir de una sólida formación filosófica, sociológica y humanística, en suma, de una amplia cultura que la dotaba de una visión moderna del mundo y del conocimiento, Irene forjó una concepción pedagógica amalgamada con la ética personal que guiaba su práctica educativa.

"Para ser educador, solía decir, es imprescindible tener fe. Una fe a toda prueba, en los niños y las niñas, en los jóvenes

---

[1] Actualmente Universidad Autónoma de Yucatán.

y en el hombre". Educar, según ella, "consistía en un incesante proceso dual, en que estaban presentes el *educare* adquirir saberes, y el *euducere* despertar las capacidades intrínsecas, de los seres humanos."

Emergida de su experiencia vivencial, la concepción de Irene sostenía que "el método es el maestro". En él o ella se encarna la teoría pedagógica y la práctica didáctica. Como en todo vínculo teoría-práctica, en la actuación educativa la pedagogía constituye un fundamento de teoría indispensable, pero la didáctica es la piedra de toque práctica del proceso de manera que en sentido integral la didáctica es el *summum* del acto educativo.

Pero, si el maestro es el sujeto en quien habita el método y, por tanto, quien puede visualizar y conducir la enseñanza; el alumno es, en cambio, el sujeto fundamental a quien se dirige la acción del maestro, y el aprendizaje, el propósito de cuyo logro depende el éxito o fracaso de la experiencia educativa.

La educación es así un proceso dialógico, intersubjetivo, donde interactúan dos aprendices, los cuales son personas con historias de vida, saberes, experiencias, visiones del mundo, emociones y expectativas propias, que coinciden en la tarea común de aprehender o apropiarse espiritualmente de un fenómeno que se les presenta como su objeto de conocimiento.

Si la relación dialógica entre los sujetos del proceso educativo (maestro y alumnos) había atraído el foco principal de la reflexión pedagógica, al punto de marcar la distinción entre la didáctica tradicional (pasiva para el alumno) y la didáctica moderna (interactiva), en cambio el vínculo entre ambos sujetos y el objeto de conocimiento había permanecido esencialmente intacto. Explorando este aspecto, que en la formación para el trabajo era un nexo directo educando-realidad, Irene sentó el fundamento de la concepción teórico-metodológica del Trabajo-Aprendizaje, verdadero aporte a la pedagogía de la educación laboral y no formal.

Antes que poseer un carácter técnico instrumental, o siquiera el de un acto de cognición puramente intelectivo, el educar revestía, para Irene, el sentido íntegro de un esfuerzo permanente de desarrollo humano, experiencia social merced a la que se generaba un crecimiento y despertar individual.

Ese desarrollo humano, ideal y tarea de la educación, entonces, no consistía únicamente en formar hombres y mujeres aptos para la vida sino como enfatizara Irene citando a Miguel de Unamuno: "formar hombres buenos". En igual sentido había ya advertido el maestro Justo Sierra –a quien ella también solía recordar–: "Cultivar voluntades para cosechar egoísmos, sería la bancarrota de la pedagogía". (1910, 2004, p. 12.)

De esta forma, el magisterio se le convertía en un quehacer artístico, el arte de construir con el alumno un saber, y la pedagogía –al tenor de una frase que ella gustaba repetir– "era un arte esclarecido por la ciencia".

De acuerdo con Paulo Freire –uno de sus mentores insustituibles con quien compartía esa *Pedagogía de la esperanza*– Irene asumía el fenómeno de la enseñanza-aprendizaje como *práctica de la libertad*. Su práctica educativa era, de tal modo, la de una pedagogía poética; y en sus escritos de reflexión, teóricos y metodológicos, delineó los trazos medulares de su poética pedagógica.

Durante las cerca de tres décadas en que coincidimos en las extensas y arduas reuniones en horas de trabajo en la oficina o el campo y más tarde en las aulas del campus de la Universidad Modelo, tuve la fortuna de conocer algunos de los autores y libros que, dentro del amplio abanico de sus lecturas, ocupaban un sitio destacado en sus fuentes de pensamiento: desde los clásicos como Karl Marx y Friedrich Engels y sus exégetas Antonio Gramsci y Louis Althusser o Wenceslao Roces y Adolfo Sánchez Vázquez en México, hasta los orientados a la educación entre quienes recuerdo a Anton Makarenko, Alberto Merani, Aníbal Ponce, Mario Manacorda, Lev Vygotsky, Paulo Freire y Bertrand Schwartz.

En ese mismo tiempo me fue concedido también acceder al cenáculo familiar de Irene, en los espacios de una cotidianidad cordial. Muchas veces en torno de su mesa, a la vez doméstica y ecuménica, fui testigo o partícipe de innumerables charlas —debates y opiniones compartidas, certeras críticas, comprensiones dolientes, utopías y sueños obcecados— que nos apartaban del común de miradas circundantes y nos acercaban entrañablemente cimentando sin sentir un "nosotros", desde el cual se tendían hilos limpios de solidaridad con el mundo y especialmente con los pueblos y hombres y mujeres oprimidos, esos seres que Franz Fanon llamó en 1961 *los condenados de la tierra*.

A menudo en esas charlas, no rara vez salpicadas con chispazos de ironía o alusiones a pensamientos memorables, afloraba la poesía como un soplo de elevada intimidad. Eventualmente, incluso compartimos tertulias poéticas con textos de los escritores más cercanos a la esfera de nuestra emoción. Entre ellos se hallaban en una orilla los poetas latinoamericanos —Rubén Darío, César Vallejo, Pablo Neruda y Ernesto Cardenal— y en la otra los españoles como Ángela Figuera Aymerich, especialmente los catalanes —como las voces de la antología que elaboró su esposo Manuel Mercader (2009) y que Irene ayudó a traducir al español—[2] así como los poetas militantes de la Segunda República y la llamada "España peregrina" en el exilio. En especial Federico García Lorca, Miguel Hernández, León Felipe, Rafael Alberti y Pedro Garfias, algunos de los cuales como el propio León Felipe o el asturiano Inocencio Burgos eran amigos cercanos de la familia Duch.

En todo ese tiempo advertí que Irene era huésped y heredera de una atmósfera familiar de honda tradición mediterránea y yucateca, trasminada de intelectualidad, de literatura y filosofía, entre cuyas siluetas tutelares cercanas estaban el poeta

---

[2] Esta antología bilingüe reúne a cuatro poetas catalanes: Zoraida Burgos i Mathèu, Maria-Mercè Marçal i Serra, Miquel Martí i Pol y Joan Vinyoli i Pladevall.

Juan Duch Colell (el tío Juan), sus padres Néstor e Irene (la *yaya*), junto con sus hermanos Néstor, Juan, Jorge, Teresa y José Luis.[3] En dicho ambiente Irene se había labrado una formación cultural con una visión del mundo atea, sustentada en el materialismo científico e histórico, y una ética emergida de una ideología política de izquierda; filamentos que se entretejían armónicamente en su espiritualidad humanista y laica.

En medio de esa atmósfera trasegada en la arena de su sensibilidad, vivió y anduvo el camino del aprendizaje de la poesía como una dimensión de la vida: hecha de momentos inefables de historia y cotidianidad, con un participar de ardentías y ternuras, sueños y pesares de otros como suyos. A Irene la poesía en la vida le hacía ser atesoradora de honduras compartidas en la intimidad del silencio, dejando de ser así una isla de soledad en la noche y le permitía fundirse en la dimensión del universo, en instantes que son atisbos de eternidad, con las ondas de una vibración laica de comunión.

Una escritura del aliento

Desde mi sitio, marginal y frío,
salgo a recorrer,
serenamente,
los jardines de mi infancia.
Cómo florecen los besos
y las manos extendidas cobijando las
[*auroras*

I. Duch G.

Fue al retornar de un viaje en familia a Catalunya, solar imprescindible de sus barros genésicos y del rocío de su mirada,

[3] Una reseña historiográfica de la familia Duch en la Península de Yucatán puede consultarse en el libro de Francesc Ligorred Perramon, *Presencia catalana en la Península de Yucatán, Breve (re)visión antropológica* (1998).

cuando Irene Duch Gary se decidió a andar el camino de la expresión de su ser con la palabra. La mujer de la poesía en la vida inició entonces la vida de su poesía, la construcción del perfil de un aliento poético propio con la escritura.

Su creación literaria medular, eminentemente poética, está concentrada en una trilogía de poemarios publicados entre 1987 y 2009. Como cronista del fluir de su palabra —que era claroscuro de música, a un tiempo rumor de oleaje torrencial y brizna de silencio— quiero ahora esbozar a contraluz algún esquema a partir de ciertas señales del perfume de su aliento, amalgama de barro y de rocío, aún latente en las sombras del olvido.

La primavera de su voz lírica apareció en *Poemas de octubre* (Duch Gary, López Cervantes, & Reyes Ramírez, 1983), el primero de los Cuadernos de Platero Colectivo, con otros compañeros igualmente primerizos; y en *Espejo de presagios* (Duch Gary, Reyes, & Silva, 1986) —el número 4 de dicha serie— que también compartió con otros, se tornó en preludio de hondura y limpidez.

Como creadora individual, publicó después en Mérida los tres poemarios que configuran el conjunto más maduro de su expresión poética con la escritura, cuyos títulos son: *Si abril y el viento* (1987), *Ceniza en flor* (2003) y *Astillas de luz* (2009) aparecido poco tiempo después de su muerte.

Una mirada al perfil de la poesía, a los alientos de la escritura de Irene, reclama observar los filamentos nodales en el telar multitonal de la temática de su expresión poética.

Remitiéndose a Federico García Lorca —quien afirmaba que la poesía está en cualquier lugar, en el paisaje y la vida, pues "Todas las cosas tienen su misterio, y la poesía es el misterio que tienen todas las cosas"— Mauricio Robert apunta a partir de su lectura de *Ceniza en flor*, que los tópicos de la poesía de Irene Duch emergían al aire naturalmente, revelando en libertad los ecos diversos de un transcurrir cotidiano.

> Los temas y la materia prima de estos versos, la autora los encuentra, como García Lorca, en todas partes: En la soledad y en el abrazo; en la cuna y el sudario; en el gusano y la mariposa; en el cristal y la estrella; en el café humeante y en el salmo; en el llanto y en el mar. (Robert Díaz, 2003)

A mi gusto, desde una mirada al conjunto de sus poemas, puedo contemplar que en ellos salta a la superficie con nitidez una cualidad constitutiva: la presencia del sueño y el dolor, de la rabia y la ternura, notas ambas de una misma inflorescencia de amor que nos remite inevitablemente a la esperanza. Siempre, aun en lo más sórdido del instante, sostenía Irene:

Es preciso volar

por la enredadera que sostiene

la frágil cúpula

del sueño inalcanzable

Referidos al mundo desde la subjetividad de su pupila y su piel sensitivas –a la naturaleza y al cosmos, por una parte, y a la sociedad y al hombre por otra– los tópicos de sus poemas generan en su dialéctica una atmósfera ondulante, de infinitud y cercanía, hondura temporal e inmediatez que incita a escuchar el latido de su discurrir.

En su arrobamiento y, por instantes, anhelo de inmersión en la naturaleza se descubre una imaginería vespertina, nocturnal y de alboradas, con la presencia del mar y del viento, símbolos de un origen telúrico (*Vengo del mar,/de ahí donde los sueños renacen en auroras*) ansia de retorno lírico al lecho natural –tal vez suave evocación al silencio de Alfonsina Storni– o elemental deseo de ablución íntima; lo cual se conjura con un vuelo de aves –alondras o gaviotas– por la curvatura del aire (*La gaviota hizo escala en el mar,/oteó el paisaje/y se perdió en el horizonte de los sueños*) o con el destello de algún pez que sobrenada el tiempo.

De este modo, ella misma, ser y sueño de libertad, exclama:

> *Quiero poder decir un día:*
> *Yo viví*
> *con la sencilla transparencia de una alondra*
> *y nada tengo más que el viento,*
> *el mar*
> *y los recuerdos.*

Por la vertiente humana en la temática de su aliento poético, aparecen los amores filiales de su existencia:

En los agradecimientos de *Ceniza en flor*, expresa: "A mis hijos Manuel y Pablo, quienes me enseñaron a mirar más allá de mis propios límites". Al esposo y compañero de sus días y noches enlunadas, le dice "Para ti, Manuel [...] vigía fronterizo de mis sueños", asimismo en ciertos versos, le menciona:

> *Hoy la vida me sonríe*
> *en la dulce mirada de tu nombre.*

Y en otros, humedecidos con la melancolía del recuerdo, evoca:

> *Aquella tarde sólo quería,*
> *en una minúscula hojarasca de mi cuerpo,*
> *depositar la ofrenda azul de tu sonrisa.*

Junto a estos seres de su hábitat existencial –ese "rincón del mundo" o "primer universo" entre cuyos muros se "alberga el ensueño", según dice G. Bachelard (Bachelard, 2000, p. 28) – aparecen en sus versos otros cercanos al aura de su emoción. Allí está en primer sitio Arhaty Mendiburu, en el poema "Cabalga el horizonte"; también el texto "Con la dulzura de las almas sencillas", dedicado a doña Elena (su secretaria) *"quien todos los días hace/que mi vida renazca en una flor"*; el poema "Silencio", dedicado *"A Lorena del Carmen Vera Gamboa, fallecida [...] entre los 22 y los 23 años"*; así como en *Ceniza en flor* aparece una señal de gratitud a Marcela Tohen:

Gracias Marcela, por ayudarme

a retornar al sereno manantial de las ausencias,

perderme en el olvido de sus aguas

y, luz en horizonte rediviva,

arar el tiempo que vendrá mañana.

Pero el trazo humano en su palabra de fraternidad y compasión —empatía viva que se comparte por el corazón y el pensamiento— estuvo en definitiva dirigido por igual a los hombres y mujeres y a los niños, especialmente a esos que concentran en sus vidas el dolor y la injusticia de la desigualdad en el mundo. A la voz de todos ellos o a la de cualquiera y, ¿por qué no? en el fondo también a la de su conciencia, le decía:

Tu voz me aguarda en cada esquina:

en todos los rincones me la encuentro,

me envuelve, me aprisiona,

me acompaña.

Siempre tu voz en mi nostalgia,

siempre tu voz quemándome por dentro.

Y esa voz de siempre, de estar y ser en cada pregunta y silencio, era más que un llamado, era una convicción del alma en su mirada.

no calles nunca, nunca silencies

mi porvenir de humano compromiso;

deja que el viento toque mi piel adormecida

y tu camino insatisfecho

—dolorido y lacerante—

por el hambre a cuestas,

por el hambre de otras hambres,

de otros hombres sin destino, sin memoria.

No obstante, quizá por la cercanía del paisaje y sus empeños profesionales, la tierra y el hombre del campo ocupaban una centralidad vivencial en su palabra. Así, sin perder la perspectiva de amplitud de horizonte característica de su aliento, aludiría en uno de sus poemas:

De tus huesos el abono

será sangre del mañana,

del verdor,

el huerto,

la vieja milpa que te acompañara

en el pan,

la hora del abrazo,

la legendaria vecindad del tiempo,

y la tierra

regazo de tus manos

entre el ancho horizonte de tus sueños.

En otra evocación, bucólica, aunque de un suave reconocimiento a la resistencia vegetal del sudor humilde, relata en un trazo lírico:

Era en la milpa una semilla sola,

transparencia del pueblo, acaso luz;

ceñida en el olvido, a la intemperie,

se aferra a las raíces del azul

y no sucumbe, piedra en atalaya,

ante el claustro sediento de la vida.

Con un juego a contrapunto del ritmo de las apariciones de su expresión poética podría decirse que si en octubre se manifestó un latido primaveral de su voz, el viento que la llevó más tarde a la madurez la depositó en abril, donde la arcilla le brotó verdores nuevos hasta que supo hacer de la ceniza su flor de claridad más íntima. En el umbral póstumo de su palabra, aún ahora nos contempla un racimo de astillas de luz desde el silencio.

> *Mi voz*
>
> *quiere volver al manantial de la intemperie*
>
> *y mirarse,*
>
> *desnuda,*
>
> *en la fugaz incertidumbre de la llama.*

Acerca de la primera etapa en la voz poética de Irene Duch, dice Manuel Mercader en el prólogo de *Si abril y el viento*:

> [...] asoma, en mensaje largo de paz y suavidad, en armonía penetrada de esencias, germinadas a flor de piel por cada poro de su múltiple expresión, fílmica en imagen y contrastes, lacerante en el gemido eterno y universal de la soledad humana. (Mercader, 1987, p. 5)

Dichos rasgos perfilan su presencia en los Cuadernos de Platero y aún son perceptibles en el poemario *Si abril y el viento*:

> Esta tu segunda entrega, en *Espejo de Presagios*, [...] comprobaba tus versos de despedida en la primera, la de *Poemas de Octubre*: decías que tu palabra *va midiendo abismos y deshojando soledades* y *adquiere vocación de luz y de horizonte, de acompañante... de las sombras en el amanecer obscuro del camino.*
>
> [...] Ahora, nos abres, sugeridor y estimulante, tu universo de poemas [...] que recogen –trigo candeal– la labranza de tu *tierra sin huella ni distancia,* fronteriza del *viento sin destino* y abierta al *mar sin horizonte.* (pp. 6-7)

Es lícito sugerir que esta estación temprana de la expresión lírica de Irene constituye un arco iris donde su pupila vislumbra y traza la gama de matices que configuran su aliento poético.

> *Llueve. Y hay delirio de arco iris*
> *en mis negras pupilas transparentes.*

Los matices de su aliento se habrán de depurar y acentuar en algunos casos con un tono más reflexivo y nostálgico en sus poemarios ulteriores.

En la presentación de *Ceniza en flor,* Mauricio Robert, quien describe a Irene Duch como una "poeta por desbordamiento de vida interior, por abundancia de espíritu", opina:

> Los versos de este libro [...] parecen surgidos de un alma muy antigua que ha visto y recuerda muchos tiempos, lugares y acontecimientos. Los poemas de Irene han brotado del corazón de la vida y por eso los identificamos plenamente con la poética de R.M. Rilke, cuando en los cuadernos de Malte nos dice: "Los versos no son, como cree la gente, sentimientos (que éstos se adquieren demasiado pronto), son experiencias." (Robert Díaz, 2003, p. 12)

La experiencia existencial de Irene se percibe en alumbramientos instantáneos de intuición los cuales plasma en versos que son reflejos o atisbos cargados de intensidad expresiva y comunicadora.

> Los poemas de Irene Duch han sido intuidos, vislumbrados; no encontraremos en ellos disquisiciones filosóficas o la búsqueda de la perfección formal del lenguaje, pues se trata solamente de atisbos y resplandores, de un asomarse fugaz e intensamente a los abismos del alma humana, cuando así lo determina la propia poesía, en los momentos más inesperados o cotidianos. (Robert Díaz, 2003, p. 14)

En efecto, naturales y de factura sencilla, los versos de Irene afloraban del latido a la palabra, del aliento a la página en blanco como brotes desnudos o insurgencias de la intuición. Acaso por ello, al concluir un poema, sentía que ya no podría sino dejarlo intacto; al igual que Vallejo, pensaba que a un verso no se le debe cambiar ni una coma.

Señales de una poética existencial

Mariposa de aire,
fugaz estrella de inocencia rota,
ave de puro imaginarse el vuelo.

I. Duch G.

Más allá del análisis e interpretación formal de sus versos —tejido sutilísimo de reflejos en una marea de torrente y remanso que los hace fluir como melodía honda y translúcida— a lo que deseo enfocarme aquí es al corazón y la mirada, a la actitud de Irene ante su poesía, que es, de algún modo, también el polen secreto de su poética personal.

La poética de un escritor —explica Helena Beristain— es la flor de su ser artístico, la idea asumida por él acerca de lo que es el arte de la palabra; idea puesta en práctica en su producción literaria. (Beristáin Díaz, 1989, p. 149)

Inmersa en esa poesía natural en la vida que la caracterizaba y le fue conduciendo a una vida en la poesía, a la creación de poemas con la escritura, Irene Duch fue delineando su poética con la misma naturalidad y los términos inherentes a su mirada y su aliento.

Desde las lecturas de juventud que la acompañaron en forma duradera, una difícil conjunción (César Vallejo y fray Luis de León) que pudiera parecer antitética, encontraba en su mirada hilos enigmáticos de un tejido de cercanía y conjugación. Así, desde su naturaleza íntima de mujer, ella decía que si hubiera tenido una hija la habría llamado Trilce que, a su parecer, era un acrónimo de triste y dulce. De esa misma ribera de su conciencia afloró el pseudónimo "César de León" que eligió en más de una presentación de sus poemas y ensayos literarios.

Si la literatura es un fenómeno complejo que admite múltiples definiciones o acercamientos, Irene no ignoraba —compartía más bien con varios amigos– que ésta es una herramienta de conocimiento del mundo, cuya vía primordial de contacto con los seres y las cosas es la emoción, cómplice secreta de la imaginación poética.

Como educadora, que en todo momento fue, proponía "el despertar emocional de la razón". Como poeta, asumía con Blas Pascal que "el corazón tiene razones que la razón no entiende".

Con esta visión sin perder su fe en la humanidad, ella se apartó claramente de esa racionalidad instrumental del iluminismo de la que ya Horkheimer y Adorno nos habían hecho caer en un crudo desencanto, al mostrar que condujo a la modernidad occidental hasta los horrores de Auschwitz, Hiroshima y Nagasaki, así como a tantos otros dantescos abismos terrenales posteriores.[4]

Dicha conciencia crítica la fue acercando a una mirada holística del mundo, a una coincidencia con el pensamiento complejo que postula Edgar Morin –de quien ella, como docente, admiraba en particular sus *Siete saberes necesarios para la educación del futuro* (Morin, 1999)– así como a la superación del llamado "pensamiento único", entonces reinante en lo social.

A juzgar por sus estudios pedagógicos y de asuntos epistémicos y metodológicos, el reconocimiento de la pluralidad cultural y de los contextos históricos como ámbitos de validez de una verdad, la hacía plantarse en los umbrales de la visión postmoderna de la sociedad y del mundo. Aún más, el desarrollo de su conciencia mostraba indicios de una perspectiva mundicéntrica, lindante entre la mirada postmoderna y una más amplia e integral.

---

[4] En su *Dialéctica del iluminismo* los autores señalan. "Lo que nos habíamos propuesto era nada menos que comprender por qué la humanidad, en lugar de entrar en un estado verdaderamente humano, desembocó en un nuevo género de barbarie. Habíamos subestimado las dificultades del tema, porque teníamos aun demasiada fe en la conciencia actual". (Horkheimer & Adorno, 1987, p. 7)

Esta perspectiva se enmarcaba y se veía impulsada por la escala de su inteligencia espiritual, la cual podemos entender, siguiendo a Cindy Wigglesworth como "la capacidad de comportarse con sabiduría y compasión, mientras se mantiene la paz, tanto interna como externa, sin importar la situación". (2014, p. 20)

A partir de su espiritualidad, esa "necesidad humana innata de estar conectado a algo más grande que nosotros", que dotaba a Irene de una fina sensibilidad para percibir y expresar su comunión con la naturaleza y su solidaridad humana, asumió, al parecer en modo ex profeso, la búsqueda de una serenidad y paz interior. Así lo indican estos versos suyos:

Qué morirá cuando yo muera.

Quedará algún vestigio

del combate conmigo

por construir una mujer serena.

Existirán mis sueños,

[...] Seguirá viviendo ese anhelo incesante

por abrazarlo todo.

El deseo y la aptitud de externar esos atisbos vivenciales con la lengua terminaron por aflorar en la página en blanco. La intuición de la experiencia poética que Irene poseía en su vida y su palabra la fue haciendo aquilatar —como pensaba Luis Rius, el crítico español transterrado a quien ella conocía casi familiarmente— que "el vasto repertorio de contradicciones" que entraña la poesía, su misma ambigüedad consustancial era "una evidencia de su formidable riqueza" y que asumirla era la vía para estar "en aptitud de adentrarnos en el misterio del mundo poético". (Rius, 1972, p. 8)

Tal intuición vívida le permitió deslindarse de ciertas ideas reduccionistas sobre la literatura; por ejemplo, la poesía como catarsis o evasión de lo real o bien como bellas letras (sumatoria de palabras bonitas, pura eufonía de la lengua). No desconocía estos rasgos tangenciales, recordaba que para su hermano Juan era muy significativa la frase "el ruiseñor" con que los franceses nombraran a Verlaine; asimismo, al comentar su poema "Ha muerto la flor", la propia Irene expresó:

> En mi poema, la flor funciona como símbolo de la vida, efímera pero eterna en el instante de contemplarla. Dolor del tiempo, la vida brota, invencible, de la música elemental del sonido que corona el poema.

Pero en el fondo, ella asumió la experiencia poética, en la vida y la escritura, como territorio íntimo de expresión de los destellos de su vivencia personal de comunión humana y cósmica. Por tanto para Irene, según decía, escribir poemas era "una forma de cuidar el alma".

Esta visión suya de la poesía se reconoce en el ensayo que elaboró para acercarnos a la poeta mexicana Concha Urquiza (1910-1945), comunista y católica, cuya vida y obra sugerían algún paralelismo con su propia experiencia personal y en la que parecía hallar un guiño cómplice de señales de identificación. Según Irene, en la existencia y la palabra de Concha Urquiza se cifraba un drama espiritual, "[...] este drama, entre el amor humano y el divino, –que nunca pudo conciliar–, marcarían su vida y su obra."(Presentación de la poeta Concha Urquiza, 2005)

Ese dilema, similar al que desde su postura laica anidaba en el mundo interior de Irene, trasminado de íntima espiritualidad y solidaridad humana, era para ésta un foco claro de inquietud:

> Será porque, como decía María Zambrano, "la poesía es la conciencia más fiel de las contradicciones humanas, es el martirio de la lucidez, del que acepta la realidad tal como se da en el primer encuentro. Y lo acepta sin ignorancia, con el conocimiento de su trágica dualidad y de su aniquilamiento final". (*Ibid.*)

Con tal aceptación de la realidad en su contradicción intrínseca mediante esa conciencia de lucidez, el obstinado afán de Concha Urquiza por escudriñar el misterio de la palabra revestía un poder purificador. Según creía Irene,

> tal vez, en esa búsqueda de la perfección del lenguaje, en el fondo quería lavar su espíritu impuro, imperfecto, y fundir cuerpo y alma en una sublimación místico-erótica, donde el lenguaje fue su cómplice. (*Ibid*.)

En cuanto a la ambivalencia que viviera Concha Urquiza en el contenido y la expresión de su poesía intimista y social, Irene apuntó esta conclusión como broche de tal ensayo:

> Afortunadamente para nosotros, nunca cayó en la trampa de sacrificar el verdadero sentido espiritual de la poesía por el panfleto revolucionario, pues sabía ya que sólo a través del arte se puede elevar la conciencia de los hombres, y es en este sentido, donde la dimensión de la poesía adquiere un significado social. (*Ibid*.)

Esta certeza de la creación poética como gimnasia o camino de elevación espiritual, acaso la supo Irene también, escribiendo. Es decir, ella pudo haberla descubierto en el ejercicio mismo de su escritura poética. Así nos la leyó en el comentario que hizo en la presentación de su libro *Ceniza en flor*, en el Centro Cultural de la Universidad Modelo. De igual sentido son estos versos del poemario *Si abril y el viento*:

> *La alcántara secreta*
>
> *reverdece*
>
> *en el olmo cristalino de la piel*
>
> *labrando enredaderas*
>
> *que trascienden las arcanas vestiduras*
>
> *del aliento*

Pero ¿de qué manera a Irene Duch escribir un poema la ayudaba a nutrir y renovar el espíritu?

Si con el acto de la escritura convocaba al saber liberando el soplo de su imaginación a través de la emotividad y la intuición, la honradez consigo misma y la solidaridad genuina con el ser humano que la habitaban, convertían ese conocimiento en sabiduría y compasión, toque de ascenso espiritual. En algo seguramente influía también su lectura de san Juan de la Cruz y los místicos, cuyas voces de revelación meditativa, según nos dijera, admiraba por ser "poesía pura".

Practicaba ella de un modo espontáneo, eso que Fernando Pessoa llamara la "misión superior de la poesía".

En torno a su expresión lírica, es oportuno observar que –aun cuando el lenguaje poético se vale comúnmente de imágenes sensoriales y cotidianas con las que externa trazos de universalidad– las intuiciones plasmadas en los poemas de Irene, si bien eran destellos o atisbos espontáneos de inmediatez, expresaban tanto experiencias sensitivas a flor de labios, como brochazos de saber intelectual y aun de revelación espiritual.

El último de sus poemarios, *Astillas de luz*, reúne un racimo de poemas en los cuales la brevedad se acompasa con la intensidad, donde la forma se ajusta al contenido en una envoltura exacta que es medida y transparencia para el pensamiento y la contemplación espiritual.

En general, sus poemas son de textura sencilla y surgidos en afloramientos de espontaneidad. Al contemplar, sin embargo, mediante un acercamiento atento, la gama de imágenes y figuras presentes en su expresión poética, se observa que éstas pueden ubicarse en una terna de planos de existencia o gravitación: las limpiamente sensitivas, aunque no por ello dejan de esparcir algún cariz subjetivo a la percepción natural, como en su poema "Flamenco del estero" (*Tu figura/altiva en el estero/tiene el color que enciende la tarde*); otras que se sitúan y mueven en la esfera de lo mental y cuya connotación poética se despliega en este campo (*Esa brizna de luz/es una espiga que florece/en cada poro abierto de mi alma*) e inclusive algunas que median en un éter más amplio de infinitud o intemporalidad donde el lenguaje juega un rol vicario de complicidad.[5]

Y, en el silencio, oír la palabra

que abre cauces al corazón

y se adentra en el abismo del misterio;

cuando lo inalcanzable nos pertenece

deshoja la miseria de lo efímero

y nos invita a convertir la vida

en un salmo de alabanza.

En todos estos niveles campea la imagen metafórica como estrategia del poema. A mi manera de intuir, sin embargo, el uso de las imágenes sensoriales como vehículo o medio para expresar aspectos de universalidad en los poemas de Irene, encierra al menos una doble representación.

Observamos naturalmente la presencia de metáforas y figuras del lenguaje literario, algunas de las cuales son realmente nítidas y musicales: *Un jardín de arroyos mariposas*; *manantiales de jazmines deshojados*; *y sus pétalos de aguas cristalinas*. Pero muchas veces estas mismas figuras revisten una naturaleza de símbolo que indica o sugiere significados abstractos (filosóficos y emotivos) de una hondura oblicua, encubierta o apenas semidescubierta.

el cántaro se quiebra en el aire como lluvia de otoño

vertiendo su aureola incandescente

sobre las maceradas flores del olvido.

En este sentido se sitúan también las alusiones al mar, al viento, a la lluvia, las estrellas, las rosas, flores y pétalos, la gaviota y los pájaros, las mariposas.

---

[5] Dichos niveles identificables en la creación lírica de Irene Duch, corresponden a las esferas que se denominan sensibilia, intelligibilia y trascendelia, respectivamente. Véase Wilber (2006).

Una perspectiva plausible desde la que es útil ubicarnos al interpretar esta metaforización simbólica de la creación lírica de Irene son las nociones de espacio y tiempo, latentes a mi parecer en sus poemas.

Si el correlato del espacio y el tiempo en el dominio sensorial se miden por la extensión (longitud, altura, duración o secuencia natural); el dominio de lo mental se caracteriza principalmente por la intención (significado, valor o autenticidad, comprensión interpersonal).

El espacio-tiempo del fuero interior del yo, según diríamos hoy día, asume formas más sutiles y abarcadoras que el mundo físico.

El tiempo mental es un tiempo histórico, un tiempo narrativo, cuyo ritmo puede ser más rápido o más lento, sobre el pasado, presente y futuro, conforme a los deseos, esperanzas y fantasías que pueblan el imaginario del hombre y la mujer, dejando a su paso las huellas de su intención.

El espacio mental o psicológico es el de la identidad propia, de la visión del mundo, la imaginación y los sueños; es un espacio narrativo susceptible de ensimismarse o ampliarse en torno al yo, a su círculo de afectos, a su comunidad o a todo su mundo, definido por la propia historia vivencial, las aspiraciones, motivos y decisiones personales.[6]

---

[6] Ken Wilber, denominando al dominio del mundo físico "sensibilia" y al mundo mental "intelligibilia", explica:

"El tiempo histórico, en otras palabras, trasciende al tiempo físico, ya que puede expandirse hasta abarcar al pasado y al futuro, puede anticipar y recordar, rememorar e imaginar. De este modo, el tiempo mental rompe las cadenas que esclavizan a la mente al efímero presente de las sensaciones y percepciones corporales y permite ampliar nuestra conciencia y asumir una perspectiva histórica. Esta modalidad temporal es *más sutil*, abarcadora y trascendente que el tiempo propio de sensibilia.

[...] También el espacio propio de intelligibilia («espacio psicológico») es *más sutil* que el de sensibilia. [...] El espacio mental ya no es el simple espacio físico de la extensión y de la causalidad sino un espacio *narrativo*, un espacio definido por nuestra historia, nuestras intenciones y nuestras

En el discurso poético de Irene, espacio y tiempo configuran un universo simbólico, donde coincide ose entrecruza el ámbito personal con el cósmico —*Dejo mi libro y abro la puerta/para que la tarde entre a conversar conmigo*— y cuando se conjuga en el ahora el instante del origen con la estación alumbrada del destino: *la dimensión del tiempo/es un ardiente retorno a la esperanza*.

Acerca del espacio-tiempo simbólico de estos poemas, apunta Roger Campos:

> La transparencia del espacio en sus poemas es tranquila, suave: como el sonido del tiempo que no se ve. Su mirada sobre el mundo es una mirada fina, inconsútil. Su sintaxis poética es la de la emoción y la meditación, la del meditarse desde uno mismo hacia el afuera turbulento y caótico... (Campos Munguía, 2009, p. 23)

Pero a la inversa también, era toda la curvatura del firmamento la que Irene percibía y expresaba en su aliento poético.

Hoy he vuelto a encontrarme con la vida.

Situada en lo más profundo de mi ser

por los guardianes de las sombras,

un atisbo de luz me apareció en el alma.

En una suerte de ablución marina, dirá en *Ceniza en flor* esta misma percepción de su aliento:

Bebo del mar

la trasparencia de sus aguas,

el azul de su profunda intensidad.

Toda su sal

adentrándose en mi cuerpo,

---

decisiones. Este espacio es *más sutil* y trascendente que el espacio físico". (Wilber, 2006, pp. 104-105)

> *toda su sal*
> *hasta las márgenes del sueño*

> *Ninguna partícula me es ajena,*
> *pertenecen al sanguíneo torrente de mis ansias,*
> *están en mí*
> *con la fuerza de su oleaje*
> *y la infinitud de sus eternos horizontes.*

La voz lírica de estos poemas es la de una conciencia humana que asume y a la vez incita a descender a la raíz kósmica del ser para recobrar la semilla del aliento y subirla a salvo hasta la región frugal de la esperanza.

> *Es preciso romper la efímera existencia*
> *encadenada al instante eterno,*
> *descender al fondo del abismo*
> *para extraer su raíz profunda*
> *y permanecer despiertos*
> *en un vértice del aire y de la vida,*
> *del tiempo y su semblanza,*
> *hasta encontrar en el vientre desnudo de la arcilla*
> *la voz del hombre surcando las alturas de los sueños.*

En estas expresiones de comunión universal y, por momentos incluso de absorción subjetiva del infinito, parece traslucirse una acepción inmanente de la poesía. Para Baudelaire —según Bachelard— "el destino poético del hombre es ser el espejo de la inmensidad, o más exactamente todavía: la inmensidad viene a tomar conciencia de ella misma en el hombre." (Bachelard, 2000, p. 173)

El hombre (persona y humanidad), ser finito en que late y se refracta la armonía del infinito, sigue siendo un centro de gravitación en la conciencia de Irene, por lo que su mirada del mundo se constituye como un *ethos* estético. Entonces, una voz lírica de la conciencia, humana y cósmica, en la raíz sencilla de la hermosura del instante, tal es la poética del aliento de Irene Duch.

Al respecto, observa Roger Campos enfatizando el perfume de *ethos* estético que sella en redondo la poesía de Irene:

> La dimensión comprometida de su poesía es la de una dimensión moral en la que está incluida la belleza como norma fundamental para el entendimiento de una fortaleza ética concerniente a los seres humanos verdaderos. Y es que sin belleza moral, no hay arte y no hay compromiso con los otros, con el otro, en su fundamentalidad social. (Campos Munguía, 2009, p. 22)

A momentos, tal comprensión del mundo es dolor en la conciencia y tal conciencia es unión con el dolor del mundo.

Hay días, como hoy,

que llevo

todo el dolor del mundo en la mirada,

agostándome la sombra hasta el filo del relámpago.

Más allá del dolor del mundo asumido en la arena del regazo —cofre de resonancia en que gravitan los latidos del desamparo y el silencio— esta poesía enarbolaba, sin embargo, el ensueño obstinado de la luz o de la esperanza por encima de la soledad y el tiempo.

Para cuando el alba crezca

florecerá ligera la soledad

y será una fiesta de emoción la primavera.

Al borde de la encrucijada entre su compromiso con el mundo y la utopía del futuro claro, anidados en su mirada, Irene sostuvo un contrapunto fraternal con la poesía de su hermano Juan: mientras él acuñó en uno de sus poemas memorables

"Yo podría volar si no mirara"; ella se afirmará en la trinchera de sus versos emblemáticos:

Es preciso volar.

[...]

hasta fundirse

en un inacabado

proyecto de esperanza.

Por encima del dolor y el desamparo, una militancia poética por la esperanza de la hermosura se siente emanar de su aliento. Es que en la mirada y la actitud existencial de Irene ante el mundo y la palabra parecía levitar aquella frase que Antonio Gramsci escribió en una carta incluida en sus *Cuadernos de la cárcel* y que nos recuerda Francisco López Cervantes: "Ser pesimista con la inteligencia y optimista con la voluntad". (2009, p. 233)

Así, en unos versos elocuentes de su *Ceniza en flor,* ella diría:

En los despojos de mi corazón

hacen su nido las palomas.

Para Irene, como dijo este amigo escritor:

La poesía es ese optimismo profundo de la voluntad con que algunos, llenos de espíritu, enfrentan al mundo. En ella y con ella se renueva, a cada instante, el asombro inicial del ser; el asombro de que, a pesar de todo, el mundo es bueno y hermoso, misterio de la vida que asciende desde una profunda explosión hace más de 15 mil millones de años. Porque somos astillas del tiempo cósmico es que podemos reconocernos en el universo entero. (López Cervantes, 2009, p. 234)

De esta suerte, Irene Duch esculpió en el trazo de sus horas y sus poemas un aliento de poesía al pasar abriendo su camino existencial, donde vida, pensamiento y palabra se transfunden en un mismo testimonio humano de rebeldía y ternura, de aspiración cósmica y latidos cotidianos.

El perfume del barro y el rocío

> *De mis manos el barro*
> *se fue en verso*
> *palabra con palabra construyendo mi*
> [*vida*
> *y ahí quedó*
> *grabada en la memoria de la rosa.*

I. Duch G.

Puesto que la literatura es una experiencia intersubjetiva de comunión y en esta experiencia gravita un poder íntimo de expresión y comunicación que permite el instantáneo florecimiento de nuestra naturaleza humana, el aliento poético que Irene Duch Gary inscribió en mitad del aire y en las páginas de sus textos al hacer su "camino al andar", es ahora para nosotros agua y puente, venero y vehículo elemental de encuentros.

Acaso huella en la penumbra de una sencilla brizna de viento en abril, una leve ceniza de pétalos en flor o un manojo de astillas de luz. Pero el rocío de ese soplo de poesía nos permite transportarnos a la posibilidad de restaurar y hacer florecer nuestras regiones más limpias y de recuperar un espacio común imprescindible para la utopía o el sueño.

Es que su palabra –portadora de las ráfagas y los remansos del pensamiento o el ensueño que se amotinan en el arco de la imaginación poética– por las texturas de la nobleza de su espíritu, recibe tal cual dijera G. Bachelard aludiendo a las "correspondencias" de Baudelaire, "como una suave materia, los poderes balsámicos de la calma ilimitada. Con ella lo ilimitado penetra en nuestro pecho. Por ella respiramos cósmicamente, lejos de las agonías humanas." (Bachelard, 2000, p. 174)

De esta manera, pese a la nostalgia, al recordar a Irene Duch –la ternura del coraje y el coraje de la ternura– desde el perfume de su aliento se nos abre en lo íntimo, en lo individual y en nuestra naturaleza común de humanidad, un puñado clandestino de alegría.

Si a su paso el discurso de esta voz poética –como dice su poema "Una carreta de olvido"– *todas las sombras se llevan,/ todas las sombras–* es porque es agua de un arroyo límpido, frescor de rocío y puente de barro humano a una orilla posible de esperanza para el mundo. Bien ya tú lo decías, Irene:

> *Es temprano todavía;*
>
> *en el horizonte despunta*
>
> *una promesa de aurora incandescente.*

Mérida, Yucatán, diciembre de 2019

Rubén Reyes Ramírez

Bibliografía

Bachelard, G. (2000). *La poética del espacio.* (E. d. Champourcin, Trad.) Buenos Aires, Argentina: Fondo de Cultura Económica.

Beristáin Díaz, H. (1989). *Análisis e interpretación del poema lírico.* México: UNAM.

Brito Pinzón, L. (2003). En I. Duch Gary, *Ceniza en flor* (pp. 5-6). Mérida, Yucatán: CEPSA-Universidad Modelo.

Campos Munguía, R. (2009). Palabras luminares. En I. Duch Gary, *Astillas de luz* (págs. 21-28). Mérida, Yucatán: Dante.

Duch Gary, I. (1987). *Si abril y el viento.* Mérida: Instituto de Cultura de Yucatán.

_____ (2003). *Ceniza en flor.* Mérida: CEPSA-Universidad Modelo.

_____ (2005). Presentación de la poeta Concha Urquiza.

_____ (2009). *Astillas de luz*. Mérida, Yucatán: Dante.

Duch Gary, I., López Cervantes, F. & Reyes Ramírez, R. (1983). *Poemas de octubre*. Mérida: Grupo Platero.

Duch Gary, I., Reyes, R., & Silva, C. (1986). *Espejo de presagios*. Mérida: Grupo Platero.

Horkheimer, M. & Adorno, T.W. (1987). *Dialética del iluminismo*. Buenos Aires: Sudamericana.

Ligorred Perramon, F. (1998). *Presencia catalana en la Península de Yucatán. Breve (re)visión antropológica*. Guadalajara, Jalisco: Generalitat de Catalunya-El Colegio de Jalisco.

López Cervantes, F. (2009). Presentación del libro "Evocación. Poesía catalana contemporánea". En M. Mercader, *Evocación. Poesía catalana contemporánea* (2a ed., pp. 233-238). Mérida: Casal Català de la Península de Yucatán.

Mercader, M. (1987). Irene. En I. Duch, *Si abril y el viento* (pp. 5-7). Mérida: Instituto de Cultura de Yucatán.

_____ (2009). *Evocación. Poesía catalana contemporánea (Selección, traducción y comentarios)* (2 ed.). Mérida: Casal Català de la Peninsula de Yucatán.

Morin, E. (1999). *Los siete saberes necesarios para la educación del futuro*. (M. Vallejo-Gómez, Trad.) París, Francia: Unesco.

Rius, L. (1972). *La poesía*. México: Asociación Nacional de Universidades e Institutos de Enseñanza Superior.

Robert Díaz, M. (2003). Presentación. En I. Duch Gary, *Ceniza en flor* (pp. 11-16). Mérida: CEPSA-Universidad Modelo.

Sierra Méndez, J. (1910, 2004). *Inauguración de la Universidad Nacional de México*. México: UNAM.

Wigglesworth, C. (2014). *Las 21 aptitudes de la inteligencia espiritual. Un paso más allá de la inteligencia emocional.* Grijalbo.

Wilber, K. (2006). *Los tres ojos del conocimiento.* Barcelona: Kairós.

Poemas dispersos
(1987-2003)

Voy sujeta a un mirlo[7]

Voy sujeta a un mirlo
y no queda nada de mí en el asfalto húmedo
ni un suspiro
ni la risa forzada de una tarde en el polvo de la historia.
El universo acoge mi hambre de planeta
entero
con sus migajas de sueños
y sus miedos de fantasmas eternizados en la noche
y se me agolpa en el pecho el mundo,
y en torbellino mundo y yo,
yo y mundo,
confundimos el espacio en una identidad esperanzada.

---

[7] *Signos,* Nov-Dic, 1992.

Primavera[8]

Es tiempo de la luz.
En el movimiento de sus aguas y sus flores
se refleja tu mirada azul
que penetra la soledad del invierno.
La piedra reverdece
en la enredadera que se tiende al viento
y nos abraza,
nos acompaña,
en el recuerdo de las sombras.

---

[8] *Signos,* Nov-Dic, 1992.

Suenan palomas[9]

Suenan palomas
en los despojos de mi corazón.

Un blanco vuelo
se desprende y mis manos
levantan su voluntad de estirpe recia
al horizonte consagrado
por las notas de un canto apenas percibido,
alborotando redomas
que en sueño vierten caudales de intemperie,
ecos del destierro,
lejanos avatares.

Vientos nuevos
se derraman
sobre la piel de mi tristeza.

---

[9] *Signos,* Nov-Dic, 1992.

Flamenco del estero[10]

En el umbral del paisaje
eres silencioso entre las piedras del camino

Tu figura
altiva en el estero
tiene el color que enciende la tarde
y la reencuentra

Eres la luz
en esta tierra en sombras
y nosotros no supimos
mitigar la espera de tus ansias de tocar el cielo

---

[10] En *Flamenco y otros versos*, Grupo Financiero del Sureste, Tokio, Japón, 1994.

Volverás a nacer[11]

> *A mi inolvidable hermano Juan,*
> *poeta y hombre justo.*

Volverás a nacer
cuando el crepúsculo de esta tierra milenaria
redima las cenizas
de tu honda raíz itinerante.

Al caer la tarde
florecerán las voces
en tertulia del amigo ausente
hasta beberse la última alegría de tu verso.

Y un augurio de paz
oteará el amplio arsenal de los recuerdos.

Fulgurante estrella
mitigarás antiguas soledades,
territorios deshojados por el hambre
de tantos niños sin infancia
que hoy te cubren las sienes
con sus blancas manos de amor,
amor que saben suyo
porque tú los abrazaste
en la ternura de sus años tristes.

[11] Incluido en el poemario de Juan Duch Gary, *Yo podría volar si no mirara (Poesía reunida 1974-2002)*, 2007.

Querías, Juan,
extender tu corazón para tocar a todos,
reconstruir el aire en el instante del tiempo
y ofrecerle a la vida una esperanza.

En el umbral sombrío del camino
encontrarás la luz
que tanto has anhelado
oyendo crecer la espiga
en la otra orilla del mar.

3 de noviembre de 2003

Cuadernos de Platero[12]
(1982-1986)

---

[12] Cuadernos de Platero fue una colección de cuatro títulos —*Poemas de octubre*, *Memoria en Ochil*, *Paisaje de hierro* y *Espejo de presagios*— publicados por el grupo Platero entre 1982 y 1986. Irene Duch incluyó poemas suyos en poemarios colectivos de esta colección.

Poemas de octubre (1982)

Es preciso volar

Es preciso volar
por la enredadera que sostiene
la frágil cúpula
del sueño inalcanzable
y penetrar el cristal etéreo
que recubre su auténtica morada
y volver los ojos
al recóndito abismo
de su esencia,
para encontrar la génesis
de su textura luminosa
y continuar el vuelo
hasta fundirse
en un inacabado
proyecto de esperanza.

Viento de profundas huellas

Viento de profundas huellas,
surtidor de anhelos,
alondra desatada,
tu reflejo penetra
mis ojos secos
de llanto contenido,
tu voz sin nombre
roza mi piel de sol,
mi cuerpo de silencio.

Aliento de luz,
que invades sin permiso
y rompes las caretas
y desnudas de sombras los placeres,
eres un soplo de cristal,
un lirio ardiente,
un clamor de relámpagos nocturnos
en la frágil tesitura de mi carne.

Camino

Un haz de piedras languidece
en la atmósfera serena
que el aire envuelve.

Los álamos se ausentan
del estrecho escenario de la noche
y un murmullo de luces palidece
al encuentro de las voces mutiladas
que agitan los sentidos y desgarran la piel.

Yo estoy ahora en medio
de ese sendero sin destino,
deshabitada huésped de las sombras,
fatigada peregrina que descansa
en el umbral de un tiempo
cubierto de futuro.

Mi palabra se cristaliza

Mi palabra se cristaliza
y se extiende por el contorno
de la voz apagada.

Va midiendo abismos
y deshojando soledades.

A veces, en un inesperado
intento de trascender
los espacios agredidos
por el silencio de profundas voces,
adquiere vocación.
de luz y de horizonte,
de acompañante etéreo de las sombras
en el amanecer obscuro del camino.

Espejo de presagios (1986)

Encuentro

Me miro apenas
en el anochecido mirlo del espejo.

Paloma torcaz
es a veces la pequeña noria
que recorre el laberinto de mi piel.

Sueño quizás
en un viejo alférez
aposentado en la vera de mi infancia;
desnudo aún,
pero cubierto de sombras
en la lejana aldea de mi soledad.

Recién pulida,
esta dulce campana
sabe ya del viento que al oído le murmura
la nota fugaz,
la melodía solitaria.

Quizá el recuerdo no la roce.
Quizá no la secuestre el vértigo de luz de su memoria.
Quizás.

Pero está ahí,
erguida en el tiempo de los cielos,
sujeta siempre a la torre imaginaria del encuentro.

En el fusil atrincherado del crepúsculo

A Nicaragua

El polvo de la noche
se introduce
por la rendija milenaria de mi espera
—penumbra de plata y sombra—.

El aguacero de la vida
entreabre
la devastada cortina
del dolor incontenible y violento
que atenaza la garganta.

Un mínimo parpadeo
y el tiempo nace en el tiempo del día,
en el despertar del pueblo
por las calles en silencio
y en los juegos de los niños
que sostienen en las manos un mendrugo de cristal.

Lo imposible se hizo grito,
se hizo viento de cuchillos,
—obscuro mar en el vértigo de luz—,
humedecido por la sangre de pólvora y gatillo.

Iracundo paisaje de universo herido,
arrancado del abismo transparente
en el rostro de los siglos.

Amanecer de un camino
en el fusil atrincherado del crepúsculo.

Atalaya de heroísmos y raíces
sobre la cúpula de tu nombre hecho esperanza.

Luz del sepulcro ennegrecido

A Miguel Hernández

Luz del sepulcro
ennegrecido.
Raíz y esencia
del soñador sin tiempo.
Miguel del barro
y del camino.
Eterno peregrino
del mañana,
del horizonte azul
sin atadura.
Del crepúsculo
abierto.
a la distancia,
del olivar
amargo
y del rebaño.

Abierta flor

Abierta flor,
en la mañana entera:
en la risa del aire campanean tus pétalos de luz.

Estás ahí, sembrando los sepulcros
del tiempo en la historia
y del porvenir quebrado;
todo el polvo de la carne
trasciende a miel de auroras.
Y se quisiera volar sobre la tarde
y se quisiera perder en las estrellas
y sentir en la estirpe más íntima del alma
el palpitar del vientre germinado.

Quién pudiera bañarse de tu esencia,
respirar los romeros y alhucemas
de tus cunas vestidas de alboradas.

¿Hasta cuándo esperaremos?
¿Hasta cuándo batiremos las alas
enclavadas en la cruz del desaliento?

Hagamos una pausa. Un minuto de silencio
por las horas sin memoria, sin distancia,
y volvamos al encuentro de las manos
—tempranas de agonías—,
desclavadas de negruras.

Y en un grito quedemos,
suspendidos en el viento deshojado
que se esparce fugitivo
por las cenizas de mi voz.

Herida la noche cae

El Salvador: A tus niños combatientes

Herida la noche cae
balbuciendo primaveras.
Dolor de siglos lacera sus entrañas.

Esta herida ancestral
es una herida luminosa
que se extiende
hasta tocar el infinito de la voz.

No hay clamor.
Sólo silencio, silencio, silencio
y sombras.

Oh las sombras,
esperanza de un crepúsculo cercano.

Ya se siente su esplendor,
se adivina su incontenible grito
humedeciendo los labios pálidos y estériles.

No cesará esa voz de luz,
de relámpago en furia
embravecido,
colérico
por la piel abierta de cada niño
—lirio ensangrentado—,
que empuña sus sueños más antiguos
para ofrecer a la vida
el germen de un auténtico destino.

Poemarios
(1987-2009)

SI ABRIL Y EL VIENTO
(1987)

I 1982

TIERRA SIN HUELLA[13]

Tierra sin huella ni distancia
que socavas mi cuerpo de presagio
y que invades mi universo
hecho de luna y también de madrugadas.
Hueles a viento sin destino,
a mar sin horizonte.

Quisiera transformarte
en sangre mía,
en carne de mis huesos
y dejarte reposar
en mis entrañas,
para, cuando yo duerma,
tú despiertes y cubras,
con mi esencia,
nuevas vidas.

---

[13] Publicado por primera vez en *Poemas de octubre* (1982).

Un dolor de cauces infinitos[14]

Un dolor de cauces infinitos
trasciende la epidermis taciturna
y aflora en los linderos
habitados por el llanto
de ancestrales multitudes.

¿Quién podrá vencer esta congoja
que extingue lentamente
el germen de una firme rebeldía?

¿Quién en el umbral clausurado
osará romper las cerraduras?
Vienen a mi encuentro
aquellas mismas voces,
las de siempre,
las del grito encadenado en la garganta.

Llegan hasta el profundo
clamor de mis abismos
exhalando una luz de libres vuelos.
Lánguidamente se deslizan
por entre las sábanas
que cubren mis huesos
y aprisionan mis anhelos más íntimos.
Mi ser entero se conmueve,
vive, ante la sublime
anunciación de la victoria.

Es temprano todavía;
en el horizonte despunta
una promesa de aurora incandescente.

---

[14] Publicado por primera vez en *Poemas de octubre* (1982).

Agua de mis naufragios[15]

Agua de mis naufragios
asciendes al escampado bosque
que guarda en su morada
el infinito azul y transparente
y bañas de nostalgia sus raíces
y cubres de ropaje ausente
su desnudo fruto.

Manantial casi roca, casi surco,
caudal de vértigos,
detén tu marcha,
deja que el líquido esplendor de la mañana
seque tus mojadas ansias,
olvida tu camino hecho de sueños
dormidos en el viento helado de la noche
y espera a que germine,
de esta tierra agrietada y dolorida,
la semilla fértil preñada con el llanto
y únete a su sangre
y lava tus heridas
y, entonces sí, desborda
tu estancado plumaje
y acércate a mi fuente inagotable.

---

[15] Publicado por primera vez en *Poemas de octubre* (1982).

Noche ausente

Noche ausente,
hemisferio de luz que vienes
al encuentro de mi cuerpo de universo
sangriento y milenario.

No hay reposo en tu mirada,
ni en tu espejo habitado por fantasmas,
compañeros del viento y de los pájaros.

A lo lejos
un murmullo escondido te pregona
un rumor de luceros
acrecienta mis sentidos,
sacude mis entrañas.

Quién pudiera detenerse en tu horizonte alado,
permanecer oculto en el vértice más limpio de tu aurora,
abrir los ojos en la empinada cuesta
de tu espiral eterna.

Como si, de pronto,
la piel se desdoblara en mil estrellas,
en miles y miles de fragmentos transparentes
y se extendiera por el cielo
y se quedara ahí
moldeada en la líquida silueta de tu espacio.

II 1983

Navegan mis recuerdos

Navegan mis recuerdos
por las aguas desnudas de tu piel
y amargo es el camino
en la distancia de la sombra herida.

Se habrá nublado la memoria
de noches y de tiempo detenido.
Se agrietará la luz de tu presencia
y en las cavernas doloridas de mi llanto
un relámpago de angustia
surcará en el viento de mi ser.

Ambición de huésped de tus sueños
de habitante de tu atmósfera infinita:
Hasta cuándo esperaré de tu mirada
la dulce gota de mi cuerpo enfermo.
Y en qué lugar del mar, del fuego o de la luna,
te encontraré durmiendo para siempre en mi regazo.

Siempre tu voz[16]

Tu voz me aguarda en cada esquina:
en todos los rincones me la encuentro,
me envuelve, me aprisiona,
me acompaña.
Siempre tu voz en mi nostalgia,
siempre tu voz quemándome por dentro.

Raíz profunda que avasalla
y unifica las intrincadas sombras de mi aliento:
no calles nunca, nunca silencies
mi porvenir de humano compromiso;
deja que el viento toque mi piel adormecida
y tu camino insatisfecho
—dolorido y lacerante—
por el hambre a cuestas,
por el hambre de otras hambres,
de otros hombres sin destino, sin memoria.

Sigamos juntos,
soltemos los pies inmóviles
hacia el vuelo de nuestras propias voces.

No volver la mirada,
no cesar ni un instante
ni pedir una tregua,
hasta que el fuego que devora los labios
se desprenda en antorcha
de voces calladas,
de ecos sin fondo,
y aprisione los huesos
y golpee la carne

---

[16] Publicado por primera vez en *Espejo de presagios* (1986).

y agite las venas de los siglos dormidos
y levante una aureola en la frente.

Sólo entonces,
sin medir la distancia,
tu camino y mi piel
irán por el alba.

Día sin luz

Día sin luz,
crepúsculo desierto
que esparces en el viento tu nostalgia:
tu llanto destilado en savia limpia
golpea mis raíces de penumbra
y tu rostro ensombrecido me acompaña
por el desnudo horizonte de mis sueños.

Siento tu martillar en mi garganta
como un ir y venir del mar en las estrellas
y me duele cada líquido de tiempo
desgastado en la añoranza.

Mis pies sedientos se deslizan
por entre tus aguas de sosiego
y me inundas de recuerdos
y me nublas la mirada.

Llueve. Y hay delirio de arco iris
en mis negras pupilas transparentes.

Sueño en la noche[17]

Sueño en la noche,
despierta de imágenes vagando presurosas,
sin la sombra, sin el polvo
que empañe su ruta sempiterna.

Ni un músculo denota la presencia
de los sauces en el viento
ni en el tiempo la esperanza.

Todo está ahí, callado y taciturno
como queriendo borrar del agua las estrellas,
de la luna los golpes heredados por la lluvia
de los años sin consuelo.

Un minuto que aprisiona la infinita carrera,
la larga espera de ansias suspendidas
en el vuelo de impalpables horizontes;
todo está yerto y, sin embargo,
un palpitar irrumpe en el silencio,
un batir de velo se desata
en el umbral preciso del mañana.

Nadie puede borrar su incandescencia,
nadie es capaz de detener su vertical destino,
su oleaje que arrasa las tibias latitudes.

Es preciso romper la efímera existencia
encadenada al instante eterno,
descender al fondo del abismo
para extraer su raíz profunda

---

[17] Publicado por primera vez en *Espejo de presagios* (1986).

y permanecer despiertos
en un vértice del aire y de la vida,
del tiempo y su semblanza,
hasta encontrar en el vientre desnudo de la arcilla
la voz del hombre surcando las alturas de los sueños.

Se me deshace la mañana

Se me deshace en llanto la mañana
y en su incansable caminar
el sol va a tientas por la casa.

No se mide la distancia
desde el fondo del abismo,
desde esta sepultura sin sepulcro
donde se mira a la muerte cara a cara.

Apenas una brizna de luz
se desliza silenciosa
y su vientre iluminado
me germina.

Un temblor recorre mi epidermis,
un vértigo detiene mi aliento inacabado.

Esa brizna de luz
es una espiga que florece
en cada poro abierto de mi alma.

Se respira un minuto azul.

Allá lejos, el camino se bifurca
y los pasos ya no pueden detenerse.
Yo tenso las riendas.
Y es esa brizna de luz, pequeña y silenciosa,
áurea estirpe,
guía y ritual de mi destino.

Ave de plumaje ausente

Ave de plumaje ausente
de vértigo y camino titubeante.

No sé si en el sueño
de ásperos luceros
se desvanece tu mirada limpia,
tu paso apresurado;
si en la intemperie
de ramas desvalidas
pudieras cobijarte,
desmembrarte de pálidos aliños
y cubrirte de auroras que saludan
al viento del jueves en la tarde.

Yo me perdería entonces
en tu vuelo de naufragio
para llegar a la orilla
vestida de lunas y de mares.

Arriero de mi piel y de mi sangre

Un jardín de arroyos mariposas
revolotea mi piel adormecida.

Amarga es la epidermis tersa.

Miel en la interna cavidad del llanto.

Y en la honda cicatriz de la mirada
un vago resplandor de tempestades.

Eres un canto de abril que se desborda
en el vuelo matinal de mis pupilas
y encuentra su remanso perseguido
en la vieja oquedad del horizonte.

Pasajero del mar,
arriero de mi piel y de mi sangre,
hace surcos de luz
donde mojan sus sombras las estrellas.

La noche se refleja[18]

La noche se refleja
en el inmenso espejo de su luna
y un prado de agua gris
le incendia la mirada.

Claridad sin ataduras
sin posibles briznas solitarias
que desgranen los rayos luminosos
de la espiga fugaz
que se levanta
en el abismo soterrado y yerto
de mi sombra.

---

[18] Publicado por primera vez en *Espejo de presagios* (1986).

Manantiales de jazmines

Manantiales de jazmines deshojados
brotan del grito torrencial de la intemperie
y sus pétalos de aguas cristalinas
caen sobre las sombras de mi selva estéril.

Crisol de infatigables estructuras de luz
y de penumbra.

No viertas tu clamor adolescente
en mis frágiles mañanas.
No quiero otra esperanza clandestina,
aurora que se muere en agonía
lenta y temprana.

Hazme un espacio transparente y mudo
donde se alberguen mi llanto y mi garganta.

Transparentes andamios

Desde el fuego las sombras calcinando
el aire febril de inagotables brechas,
transparentes andamios,
–rápidos de vuelo,
de cristal agreste–,
extienden sus fronteras
lapidando en el tiempo su agonía.

Sonrisa de líquido hemisferio
dibuja auroras
en el obscuro contorno de tus márgenes ausentes
y desgarra lunas
y clava mariposas en el alma,
y un abierto manantial de estrellas
deposita sus pétalos de sangre
en la profunda herida del páramo dormido.

Una rama de cristal

Una rama de cristal se tiende
en el abismo de mi noche larga
y de mi larga imagen transparente en el tiempo
y en el tiempo revivida y sola.

El absoluto contorno de mi piel deshecha
ronda espacios sin fronteras,
ronda en el aire luceros
y camina madrugadas.

Hay un instante de pétalos sombríos,
desgranados en el alma,
y en un susurro de lirios
agonizan mis nostalgias.

Luz fragmentada en destinos
de impalpables vestiduras,
cobíjame en tus entrañas,
vierte tu aliento de abriles
sobre mi yelmo de plata.

Duelen las heridas[19]

Duelen las heridas
abiertas por el tiempo,
que surcan mis labios prisioneros.

Ríos sobre peñascos
cayeron, torrenciales,
en el desierto de mi voz sin tregua.

Agrestes vestiduras
cubrieron su aposento hecho de llanto,
hecho a duros golpes de silencio.

La sangre con la sangre renacía
en frondoso manantial;
líquidos de amianto
corrieron sin premura
sabedores, quizás, de su dominio
en esta tierra fugaz.

El grito sacudió. Cesó la calma.
Los pájaros agitan su petrificado vuelo
y las ramas devuelven al bosque su espesura.

Una presencia de luz en medio del oleaje
como un relámpago de presagios
en la noche sin estrellas.

Voy por entre sus horas
de espacios indecisos.

El mundo es un instante, una agonía;
todo se transfigura de repente:
tiempo que vuelve en el tiempo,
deslumbramiento de sol en la garganta.

---

[19] Publicado por primera vez en *Espejo de presagios* (1986).

Quisiera asirme al momento transparente.
seguir su ruta,
perderme en su hermético futuro.

No abismar la mirada
en el espejo sin aire,
en el vértigo derrumbado del sepulcro.

Convertirme en nada, en todo.
Morir y levantarme nuevamente,
germinar en la esencia,
arrebatada por siglos de silencio,
de esta vida minuto a minuto conquistada.

Una carreta de olvido

Una carreta de olvido pasa,
todas las sombras se lleva.

Ningún abismo que guarde el tiempo.
Ningún recuerdo que permanezca.
Sólo los pasos que recorrieron antaño leguas,
visten de seda sus caminatas
de olor a yerba mojada y fresca.

Ay, rechinar del viento
de ruedas largas y ejes de llanto,
nunca silencies aquellos pasos de seda y yerba,
nunca en la mano unas cenizas
que recorrieron antaño leguas

Una carreta de olvido pasa,
todas las sombras se lleva,
todas las sombras.

III 1985

Silencio[20]

> *A Lorena del Carmen Vera Gamboa,*
> *fallecida el 30 de enero de 1984 entre*
> *los 22 y los 23 años.*

Silencio.
La obscuridad se cierra
sobre tu rostro,
imagen dolorida de memorias y de tiempos.

Reverbera la noche de tu piel
en mis entrañas;
tanta luz...
y la palabra se hunde
en el obscuro vientre de tu albergue de fantasmas.

Si se poblara tu voz
y tus manos
y tus ojos;
si, compañera, corrieras
mano a mano,
hombro a hombro
del hermano que te espera en cada grito de pan.
en cada grito de amor,
en cada grito de lucha.
tus manos resurgirían
de la noche de los vientos
y pintarían caminos
alborotados de sueños.

---

[20] Publicado por primera vez en *Espejo de presagios* (1986).

Aquella tarde

Aquella tarde sólo quería,
en una minúscula hojarasca de mi cuerpo,
depositar la ofrenda azul de tu sonrisa.

Aquella tarde dejaba atrás
sonoras sombras de vientos agredidos,
violentos en su inmensa herida,
inundando el paisaje
de un aroma antiguo de recuerdos.

Añoranza de fría luz,
tiempo olvidado,
guarnecido del insomnio
y de las desnudas criptas del silencio.

Amanecer en el contorno cristalino
de tus pétalos de luna
deshojando la obscura pertenencia de la noche...
y la soledad aguarda.

Un ayuno de intemperie y sombra
me socava la piel y la palabra
y un enjambre de estrellas,
fuego de abril,
aurora de inconsciencia y de presagio,
anida en el recinto más amargo de mi sangre.

Agua de silencios

Agua de silencios
de mi barca marinera,
astilla de una lágrima
que en el humo de la espuma se congela
y queda intacta.

Mariposa de aire,
fugaz estrella de inocencia rota,
ave de puro imaginarse el vuelo.

Raída la esperanza
la primavera hiere su costado pétreo
y deja para sí
la luz espejo del contorno vivo.

Permanezco

Permanezco,
aun cuando la fuerza exangüe de mis ansias
rompa el cerco de la voz
y quede exánime,
indiferente,
frente a la rendija milenaria
que es la luz
tocando el fondo del abismo.

Imagen desolada palpitando
por entre los harapos de esta madrugada
que va perdiendo sus astros
hasta quedarse en silencio.

Viento de amaneceres
que recorre el lienzo del espacio amurallado
por el hambre, la cárcel y el destierro
de quien sabe ya
que el mundo es nuestro cielo
y que el mar, la tierra y estas manos amorosas,
son ya nuestras,
siempre nuestras.

En la raíz del tiempo

Late mi pulso al ritmo de la lluvia.
Mi cuerpo es una explosión de agua,
de gota perdida en la raíz del tiempo.

Roto el cristal
que transfigura el signo de mi cara,
no soy yo
sino el paisaje encarcelado de este llanto,
de esta enorme llanura de silencio
abismada en el perfil de la memoria.

Mi imagen toma cuerpo
en la medida de este espacio inhabitado,
se desprende de rigores
y, en altísimo vuelo, se conforma
en carne,
piel,
en hueso y esperanza.

Sólo el frío

A Rubén Reyes Ramírez

Sólo el frío,
puñal del desaliento,
puede volver a las túnicas antiguas
y cobijarse
y llenarse de aromas de la estrella más cercana
para latir, jardín arriba,
al amparo de su escarcha y de su luna.

Un suave amanecer,
la brisa descorcha el corazón de la nube
y volar se vuelve
un himno transparente de alegría.

Con la conciencia limpia

Quiero escribir con la conciencia limpia.
Que de mis manos no escapen las palabras
—vientos sobre las redes—,
en las llagas que florecen de su misma cicatriz.

Velero tierno,
de las ráfagas esconde la mirada,
fuego en ceniza desgastándose,
consumiéndose
hasta el tuétano del odio,
caverna del insomnio y de la sombra,
viejo dominio de los alquitranes.

Alguien busca tu rostro y no lo encuentra,
permanece inalterable
en el dolor,
en el eco del nombre sin silueta,
sin mancha,
con el vientre roído
y el hambre en las entrañas.

Alguien busca saber
y se pierde en el contorno de la risa,
se encartona
en el labio que, siendo prisionero,
quiere volar,
trascender el horizonte de la farsa
para volver a caminar su tiempo.

Un grito herido

Un envejecido aroma
de herrumbrosa lumbre me persigue.
Allá afuera
llora el viento en sauces
de violento ramaje
y sucumbe el tiempo.

Flor aparecida apenas,
como un borbotón de niño,
la sonrisa se recubre
con la túnica del sueño:
mano abierta, el horizonte
nos lleva por el camino del fuego.

Amanecer sin fronteras.
Como el vuelo de las olas
a la estrella del silencio,
la soledad es de antorchas,
la patria es un grito herido.

De la piel al alma

Siento el fuego de la piel al alma
y me consumo en este ardiente porvenir
que se gesta en mi conciencia.

Cabalgata, un poco lenta,
permanente en el encuentro
de esta vida que está llena de momentos diminutos
y hay que asirlos,
expandirlos por el mundo
para que cobren vigencia.

Y no llorar por los otros,
por aquellos que escupieron su ponzoña y se rindieron.

Uno a veces piensa
que la vida es un estercolero
donde se bañan las almas.

Pero, de pronto, unas manos,
unos pájaros al viento,
y la lucidez comienza a dar forma a las palabras,
a recobrar sus alturas,
y la voz,
esa voz que se agiganta con cada luz renacida,
expande su silabario
para hacer, de las estrellas,
eco, albergue, signo,
que esculpieron en su herida
las mordeduras del llanto.

Caravanas de coyotes

Caravanas de coyotes,
en hilos sobre la luna,
espectro de la montaña
entre la noche.

Vientos que clavan las horas,
sacristanes del espacio adormecido.
Lento peregrinar,
caída sin regreso,
símbolo enjuto de la palma encadenada
en las aguas del olvido.

Una tempestad asoma sus contornos
por el cristal del abismo,
y se pierde,
se dibuja en el manto del destierro.

Saben del tiempo los años,
y no quieren vestirse con su osamenta de estiércol,
y se hunden,
sangre adentro,
hasta el margen transparente de tus labios.

Se nos desata la noche

Cualquier día
se nos desata la noche y nos invade,
moja nuestros pensamientos
y ahoga los sueños que florecen en las rocas del espanto.

Cada laberinto se va llenando
de líquido nocturno,
sobrecogen sus ramajes deshojados,
hinca el polvo de sus troncos
en los huesos y la sangre
y vuelve a conquistar
el espacio que la lumbre mantenía.

Cristal de mariposas

Desde mi sitio, marginal y frío,
salgo a recorrer,
serenamente,
los jardines de mi infancia.

Cómo florecen los besos
y las manos extendidas cobijando las auroras;
cómo corre el resplandor de una estrella
bajo las flores del llanto,
mientras la risa
–cristal de mariposas–,
se levanta
para acunarme en su vientre
universal sobre el tiempo.

Si abril y el viento

No es posible evadirse del incienso y la mazorca.
Aglutinan el espacio,
prenden fuego a la mirada,
llevan en su devenir
las costras de la añoranza
y de la soledad.

Si abril y el viento nos diera
palmeras y colmenares,
y las grietas del andamio
sobre las huellas del sueño dejaran su caminar,
la voz de la tierra hablara
levantando en las tinieblas
luz en grito sobre el mar.

Retorno a la esperanza

Gris en el estero el ave,
idéntico paisaje, un silencio.
Sobre el azul gravita la ceniza austera,
espacio en donde el agua brota
en manantial desierto.

Una cúpula de sueño
siente en sombra la distancia
y despierta
aletargada en ostra
matutina y yerta.

Se dibuja una estela de inocencia en la mirada,
abierta luz,
ancho camino donde el cieno se conmueve
y reverdece de alegría;
suena entonces la música del grito;
la dimensión del tiempo
es un ardiente retorno a la esperanza.

Fantasma de mis sueños[21]

No basta la noche
para este viejo fantasma de mis sueños.
El viento gira sobre la falsa bóveda del tiempo
y suena a lo lejos
su flauta de silencios.

Se desgarra el lienzo aletargado de su sombra
y el rayo de la sien
roza mi piel
de arcilla iluminada en el encuentro.

No me queda un instante de respiro
bajo este amanecer
de rostro desleído en máscaras
y pájaros silentes
que atraviesan la herida universal de mi destierro.

---

[21] Publicado con el título de "No basta la noche", en *Integración*, No. 10/11, 1987.

IV 1986

CABALGA EL HORIZONTE

Para Arhaty Mendiburu

Se siente hoy el pulso de la vida.
En esta hora
–álgida luz
memoria en la penumbra,
lumbre sola–,
se agiganta el horizonte;
embravecido rompe el cielo
y se le escapa.

Vuelo en un solo palpitar,
alas tendidas,
cabalga el horizonte,
cabalga,
piel adentro, mar arriba,
paloma en arrogancia,
suelta,
viene,
va,
nos pertenece.

Huésped de la media noche

Para ti, Manuel

Huésped de la media noche,
vigía fronterizo de mis sueños.

Rotundo amanecer
que se despierta en fuego.
Sudor de madrugadas
encarcelado en bocas y silencios.
Filo que desgarra el latido
constelado
de mi piel,
carne en la llaga.
Espuma que se extiende
bajo los párpados del tiempo.

Y el mar
que se levanta
y el cristal rompe sus copas
de olvido
derramadas
—premura de tinieblas—
sobre el dulce reclamo de mi cuerpo.

Camino del silencio

Guarnecido en la memoria.
el puño de la añoranza dibuja su devenir.
Cada flor
abre en su rostro el enigma,
apisonado de sombras,
en el cristal perseguido.

¿Quién dijo que el laberinto del recuerdo
nos llevaba,
azul sobre el azul del mar,
al camino del silencio?

¿No es en el obscuro aguijón del universo
donde encuentran reposo los cuerpos mutilados
en defensa de la espiga,
símbolo de la luz
sobre el desierto?

Si cada instante olvidara su momento
y traspasara la bóveda
—claustro donde el fuego abre las costras del cielo
para olvidar la sentencia—,
piel sobre la hiedra, el aire,
arcón de los jazmines,
echaría sus raíces sobre el tiempo.

Astilla en la garganta

Cada horizonte
es un mundo que se pierde
entre las cenizas de un atardecer.

Ya no hay hastío.
La soledad
ha descubierto un mundo nuevo,
sin sabor de llanto
y con una inmensa alegría en la mirada.

De nada vale el recuerdo
cuando el tiempo no clava su derrota
en el vientre florecido.

Astilla en la garganta,
la voz ha sucumbido a la magia del silencio
y permanece,
al pie del risco,
en la armonía de esta música silente.

Religión secreta

Si este dolor en acechanza
se convirtiera en sueño
que cabalgara mis noches
y transgrediera la luz...
ebria de sol un día
dejara el porvenir
para volver a recorrer la nada
—religión secreta—
en la verdadera antorcha del destino.

Va volando la sonrisa
y se me escapa.
De entre las manos
se deshacen los pétalos de hastío
y el viento,
como un estremecimiento diáfano,
los lleva,
los esparce en las raíces,
polvo sobre el polvo,
de mi cabalgadura antigua.

Orfebre de la piel

Trasciende mi ser para tocar tu alma,
cuerpo de luz,
imagen transparente,
en el instante en que la piedra milenaria
renace en alarido de victoria
sobre el cielo abandonado del último suspiro
y la última derrota.

–¡Capitán de los silencios!
¡Orfebre de la piel!–

Alquimia de los besos...
Y la sangre, látigo en la sien,
amenazando la ruptura del invierno,
fuego obstinado que crece sepultando la noche,
incendiando las sombras que socavan mi cuerpo.

Mi anhelo anochecido

Hoy la vida me sonríe
en la dulce mirada de tu nombre.

Cuando apenas era un soplo de luz,
una añoranza,
la fuerza de tu ser
reconquistó mi anhelo anochecido
y, en un minúsculo vuelo,
alondra herida,
vértigo tocando el mar,
espuma intacta,
quedó erguido el manantial,
perfil de luna,
abriendo enredaderas de amaranto
en las venas encalladas de mi último naufragio.

La tristeza

La tristeza,
humo desvaneciendo el recuerdo,
en el silencio descubre,
gota en el dolor, la herida.

Siempre, en el espejo, el tiempo,
murmullo de una soledad intensa.
Caverna del olvido,
en el opúsculo del viejo laberinto.
Solo, en la siempre soledad se queda
sin el preciso instante del grito,
vértigo de luz en la conciencia.

La calle

La calle quedó en silencio
cuando el humo de la noche desvaneció su herida:
gris en la distancia,
abierta en la magnitud del holocausto.

Sólo se espera del verde
la dulce habitación
para volver a sentir el calor,
y la vida,
agazapada, alerta,
empieza a disparar sus aventuras
sobre el blanco,
reflejo de una luz,
sendero en el destino, la mirada.

Secreto paradigma

Lecho de miel,
augurio transparente de caudalosa savia,
sabe tu piel de lino suave,
del aroma del viento
que en un soplo del mar lleva la estrella
y en el silencio calla.

Manantial del espejo desbordado,
vientre marginal,
abismo en el contorno imaginarlo
del azul
—secreto paradigma—,
anhelo florecido que reclama,
en el vértigo fugaz,
la perenne turgencia de la llama.

Soliloquio del mar

Soliloquio del mar,
silueta cabalgando,
noche en el hastío,
viento.

Aventura en el sueño trashumante
que contagia la piel,
y el rostro se disipa en la agonía de la muerte,
abierta enredadera de alas
en el caudal del cielo.

Memoria en cierne,
se agiganta la voz para cantar la historia
y no queda un laberinto desarmado,
partículas de soledad
conjugando abril en el invierno.

Peina la noche su cabellera

Peina la noche su cabellera larga,
tardío es el abrazo,
pausada la voz en el silencio.

Fiebre milenaria
atiborrada de lunas
y, a veces,
palomas que ya no quieren volar.

Sueño en el ciprés,
la llama viva siempre.

Albergue,
detenido sin la suavidad del aire,
cabalgando llanuras de piel anochecida
en pergaminos autóctonos,
sin reclamos
ni venganzas,
la soledad
no siempre le acompaña,
camina enhiesta,
amortajada su estirpe maldecida,
y hechizando el camino con su magia.

Desnuda en la intemperie,
solaz en su ternura ingenua,
vuelve al contorno marginal del tiempo
y la intención perdura.

Vengo del mar

Vengo del mar,
de ahí donde los sueños renacen en auroras;
su vientre me reclama,
le pertenezco.

En el silencio abre sus alas
deteniendo su vuelo en mi regazo,
y yo siento florecer la espina
clavándome la sangre,
destilando el dolor en las orillas del tiempo.

Retorno en cautiverio
las cadenas prendidas del abismo
y en la piel la misma incertidumbre.
La memoria no guarda ya el recuerdo,
no quiere encadenarse a la añoranza;
a tajos,
el fusil a cuestas,
desgaja las raíces
preñando de futuro la intemperie.

Prisionera

Prisionera en mí,
agonía de intemperie,
como un relámpago intacto
socavando la carne y el recuerdo.

Transparente la herida,
dolor amanecido en la penumbra,
no claudica la voz para romper el cerco
y volver al perenne laberinto,
sin poder trascender las alturas del silencio
desde el abismo marginal del sueño.

Y retorna la misma obscuridad
a entorpecer las sombras
en las llagas de la piel.

Antigua penitencia.
Olvido que se vuelve costra
y no deja levantar el vuelo.
Soledad.
Viento en la primavera del ayer
que siente la nostalgia del extinto espectro,
para renacer,
luz en la mano,
arquitecto de un nuevo amanecer.

Sudario en el olvido

Sudario en el olvido, el hambre,
primicia de un verdugo amanecer
entre el polvo de la historia
envenenada en el espasmo,
sin vueltas ni reclamos,
de la vida.

Cuando ya el campanario
sujeta la última consigna
y retumba su voz
en la conciencia florecida del silencio,
se quiebran las tinieblas
y es la luz,
relámpago del grito
que enarbola la paz y la victoria
sobre el espectro del águila caída.

Cómplice del azul, en vuelta matutina,
regresa el tiempo
desprovisto de su manto legendario,
para nacer,
en cuna sin amarras,
desde el profundo palpitar de las cadenas.

Vericuetos de mi sombra

Viajo por entre los vericuetos de mi sombra.
me desligo de toda la carne
y entro, abruptamente,
en el rincón más apartado de mi sueño:
caravanas de humo,
entrecortados universos de hombres
de substancias diáfanas, azules y amarillas.

Ritual de la inconsciencia,
áspera memoria que encadena el vértigo
y lo sublima
y hace aparecer el odio
como fuego que se quema en su propia madriguera.

El paisaje se vuelve más introito
y sigue ardiéndome el grito en la garganta
y el espanto no se aparta
de esos ojos inmersos en el tiempo.

Cuánta desolación,
cuánta muerte en una sola
como vasta llanura sin color de cielo, mar
o alguna alondra cruzando el universo.

La tempestad guía en el naufragio
su propio barco,
aquél de mástil anclado en las arenas,
y el camino no se expande,
se adelgaza en un túnel de silencio.

Desfloración vital de las mordazas,
súbito contorno del aire que se extiende
y deposita sus partículas de luz
en el pétreo devenir de las conciencias.

Pasarela de cartón

Pasarela de cartón,
viejo andamio abandonado,
deja que la luz
—enhiesta en mi epidermis—
se adelgace por tus juncos destroncados.
Rompe el cerco,
resucita la escalera
que olvidaron mis cantares
para abrirse en las heridas
hondas voces,
largos llantos,
desgarradores del viento
en el plomizo sacramento del espacio.
Y el mar absorbe mis huesos
y los hace tibia arena
reposando en las orillas de una playa solitaria.
Pero yo quiero el andamio,
caminar a su horizonte
hasta alcanzar una estrella
y despojarla de luces
y cubrirme en el otoño
con su manto iluminado de universo.

Un hato de amor entre las manos

Llevo un hato de amor entre las manos
y me circunda el pecho.
Cadáveres del tiempo
son los besos olvidados en el claustro del silencio,
y los años pasan
y la vida no regresa para calmar la vergüenza
de estos pasos desgastados y vacíos.

Y mi dolor está firme,
traspasando los huesos y la sangre,
haciéndose savia,
líquido fuego que recorre mis venas hemisféricas
y, haciéndose eco,
para que las puertas de la carne
no impidan su clamor,
no lo encadenen a las sombras de su espectro
y pueda trascender las fronteras de mi abismo
para conquistar la luz
y amortajar el olvido.

De los ojos, las palomas

De los ojos, las palomas se desprenden
y van a mirar al río,
a contemplar en sus aguas,
en los espejos del risco,
el misterio,
compañero de las sombras
en la cúpula desnuda del invierno.

Y el espejo se desborda para llenar la mirada
y la paloma
irrumpe en los ojos, vuelta,
impregnando la conciencia
–herida siempre sangrante–
de agua, cristal, luz,
de siembra.

En la suavidad del agua

En la suavidad del agua, quisiera,
por un instante solamente,
dejarme reposar
y sentir la ternura cristalina de su manto:
deshabitarse la piel
y desenterrar los huesos, del olvido,
para que, savia
—hermana de la luz
en el lucero, abandonada—,
recorra mi soledad
y nazca:
renacida en voces, en manos
—sueños—
y un enorme horizonte de palomas.

Dice la rosa

Yo escucho a la rosa hablar.
Me devuelve la emoción,
perdida en la incertidumbre
del tiempo fugaz de una estrella.
Y se siente la vida palpitándolo todo.
Y la ropa se impregna del color de la sangre.

La mirada se extiende
—transparencia absoluta—
y las manos deshacen la pasión entumida.

Las entrañas pregonan su más humano vuelo,
sucumbe la soledad
y el viento es un canto unido
que levanta la esperanza
y reconquista la paz.

La nota de tu nombre en mi memoria

Pilar

En un tiempo acaso silencioso
quedó grabada
la nota de tu nombre en mi memoria.

Silueta de la luz, caudal sereno,
se reconoce la estirpe,
manantial,
en tus cauces,
remanso de absoluta transparencia.

Y la vida se asoma
en sus márgenes tristes.

Sólo el pulso del viento va marcando su ritmo,
conquistando la risa,
suspendida del grito.

V 1987

Crisálida

Crisálida,
luz en el invernadero de la sombra,
emerges transparente,
sin amarras del cielo,
desde el tiempo del hambre,
clavándose en la entraña de la tierra.

Cuando el hijo del hombre,
desgarrado,
maltrecho,
trascendió las fronteras de tu azul
suavizando la herida
en el límite oculto del silencio.

Y el llanto se detiene
en las venas abiertas
del último vestigio de inocencia.

De tus huesos el abono

De tus huesos el abono
será sangre del mañana,
del verdor,
el huerto,
la vieja milpa que te acompañara
en el pan,
la hora del abrazo,
la legendaria vecindad del tiempo,
y la tierra
regazo de tus manos
entre el ancho horizonte de tus sueños.

Un viejo relicario

Un viejo relicario
–auténtico pedazo de la entraña–,
requiriendo del insomnio
un solo pensamiento en la migaja de la noche.

Borbotón de los recuerdos
en la sangre prendidos
como savia en el fuego devorando la herida
como llama en el tiempo
deshojando cenizas.

Y un susurro lejano va guardando el misterio
de saber la tristeza
adherida al olvido.

De la tierra

De la tierra, tus manos,
raíces sometidas al diluvio,
renacen viento,
huracán desentrañando la vieja obscuridad
y abriendo sauces,
diseminados en alondras vigilantes
que atraviesan la herida del silencio
y se consumen en las horas
detenidas
en el vértigo inconsciente,
testigo secular del harapiento monte.

Y la vaina maltrecha
sacude sus enjambres
enmieleciendo la noche de murmullo
y sombra.

La alcántara secreta
reverdece
en el olmo cristalino de la piel
labrando enredaderas
que trascienden las arcanas vestiduras
del aliento
enmohecido a solas
privado del camino de los sueños,
arquitectos del espacio humano
que transforma la savia en renacida sangre
de esperanza amotinada
en la entraña dolorida de esta tierra.

Aún el dolor rasga la ropa
y el grito queda erguido en la memoria
—vigía y símbolo—
como piedra en el tiempo construyendo la vida.

Volviéndose a la mar

¿No llegaste tú
cuando la espuma de la mar
adormecía el rostro
y mojaba la risa
llena,
contagiada
del sereno paisaje de las olas?

Y volviéndose a la mar
en transparencia,
sujeta al horizonte,
el último resquicio de esperanza
florecía.

Ceniza en flor
(2003)

Ha muerto la flor

Hoy se ha muerto la flor.
Aún persiste su haz
rondando las sombras
del baúl que esconde mis harapos
y mis viejas ataduras.
Como un caracol que asoma
por la muralla del tiempo
la luna me está mirando con su túnica de otoño.
Afuera, las golondrinas.
Tierra adentro,
al abrigo de las hondas cicatrices,
nace un silbo
atravesando el silencio.

A CADA INSTANTE MUERO

A cada instante muero
y voy cargando mi cadáver por la vida
sin encontrarle su exacta sepultura.

¿Será bajo una ceiba
al amparo del silencio y la sonrisa?

¿O acaso entre las olas del mar embravecido?

Tal vez será mejor
depositarlo, simiente, en una milpa;
abono del maíz,
en pan se convirtiera,
no en ceniza.

Después de mi silencio

Quién vivirá después de mi silencio
cuando la cresta del mar
haya arrojado las últimas arenas de mis huesos,
y la playa,
vestida con mi ausencia,
se estremezca
ante el vuelo matinal de las gaviotas.

No ha llegado tu canto

No ha llegado tu canto a mis oídos,
pequeño pájaro
de tierno palpitar
y trinos
que armonizan las notas de los árboles.

Pero te siento tan cerca,
anidándome,
que cada mañana irrumpes
en el cristal de mi pecho
y saludas,
con tu gracia matutina,
la alcoba donde se guarda
entre espinos
una flor.

Junto al mar

Quiero volver junto al mar,
saber de la altura y lo profundo,
jugar con las estrellas
desde el abismo embravecido del oleaje
y, rediviva,
azul gaviota e intemperie,
retornar
a los antiguos socavones de mi entraña.

Eternidad

¿Podrán las horas, con su diapasón de sueños,
convertir el mundo en una eternidad?

El tiempo eres tú y soy yo.
Somos nosotros.

¿Acaso no estuvimos presentes en la génesis
y volveremos a encontrarnos en la hora final?

¿Con qué vara seremos medidos?
¿Serás tú,
seré yo
víctima o verdugo?

¿Hacia dónde se inclinará la balanza?
¿Conseguirá el amor salvarnos de tanta iniquidad?
Se oyen las preces en el despuntar del alba.

Tarde la noche

Llegó tarde la noche.
Hoy
la risa dibujó su sombra
y jugó con la orilla del tiempo
como un duende inflexible
que desvela los pasos
para seguir la ruta
y no perderse
en el vuelo legendario de los sueños.

Huesos impíos

Cuando la soledad,
desnuda a nuestros ojos,
se viste de intemperie,
sus huesos,
sacramentados por el hambre,
impíos
en el golpe de hoz dado al incienso,
esperan derramar su savia
en la fértil vocación del llanto.

Sombras cercanas

¿Qué sombras cercanas me cobijan?

Melancolía
de callejeras aventuras deslizadas en el pecho
cubre la sien de epístolas antiguas.

Y la piel,
minuto de historia compartida
en la vorágine del destierro.

La soledad es la espina
que defiende y que somete a las mordeduras de la carne,
es una especie de luz en retirada
batiéndose en el lodo
y en la fugaz incertidumbre del abrazo.

Viajera de los mares

En viajera de los mares
y recuerdos,
en soledades,
mi ausencia se ha tornado, casi,
alada góndola
de inagotables brechas habitada.

Llora en el banquillo de la hoz
mi pobre estirpe malherida, yerta,
acunada por fantasmas de cabalgadura honda
raíz de llanto antiguo
sobre el rostro desgarrado de la náusea.

En el umbral de la conciencia

No volverán las horas
a ocuparse de mis sueños,
caerá la tarde
y no podremos mirarnos al espejo;
nuestro rostro muerto
—muerte de labios cerrados—
será como un remordimiento insomne
agazapado en el umbral de la conciencia.

Figuras de papel

Figuras de papel
en un intento de reconstruir el tiempo muerto,
de volver a encontrar el enigma
que habita en su espesura,
de engarzar las horas en una infinitud inaccesible
y certera.

Casi, como volver a construir la vida,
minuto a minuto perdiéndose en los vericuetos del destino
sin volver la mirada
para hallar la señal que detenga el paso
y anime la conciencia.

El porvenir se antoja un camino bifurcado
por donde se tropieza
y cae el caminante sin elección posible.

¿Cuál representa su verdadero andar en este mundo,
su despertar colmado con las ansias de volcar su intensidad
sin límites
en esta tierra sin luz,
condenada por el hambre y la barbarie?

En lluvia de nostalgia

Y sigo levantándome todos los días a la misma hora
—excepto algunos fines de semana—
y asisto puntualmente a mi trabajo.

Las mismas palabras en un mismo tabernáculo.

El tiempo lleva prisa,
suele correr con alas de presagio,
y los sueños,
horadados al contacto perenne del aliento,
se desvanecen
en lluvia de nostalgia recurrente
y se deslizan por entre la piedra gris de mi epitafio.

Una noche de abriles encantados

Volver los ojos hacia mi propio encuentro
enredado en matorrales de ayunos con manteles largos,
testigos de que la sed y el hambre permanecen
y que pesa mirarlos
y que duele el saberse cómplice de la migaja escondida
en el rostro sereno de la luna
una noche de abriles encantados.

El café humeando

El café humeando,
la voz callada,
y el espíritu entretejiendo sueños.

¡Cuánta nostalgia encierran mis horas!

Acariciar el ritual de la costumbre,
encantarnos con las pequeñas cosas
que aligeran el corazón de las pesadas cargas
y de las yuntas socavando la memoria.

Y, en el silencio, oír la palabra
que abre cauces al corazón
y se adentra en el abismo del misterio;
cuando lo inalcanzable nos pertenece
deshoja la miseria de lo efímero
y nos invita a convertir la vida
en un salmo de alabanza.

Ellas guardan el secreto

¡Cuántas voces me cobijan!
¡Cuántos cuerpos destrozados tienen cabida en mi pecho!
¡Cuántas llagas me laceran!
¡Cuántos espejos rotos!
¡Cuántas lunas!
¡Cuánto tiempo en un minuto!
¡Cuánto llanto,
agua viva de manantiales antiguos!

Soledad y soledades,
ellas guardan el secreto.

En el mar hay espejos

El espejo es un refugio
de las horas
que pasan por encima del mar
y se acurrucan, cautas,
sobre el arenal de la intemperie.

En el mar
hay espejos de algas y peces
por donde las miradas se encuentran
y renacen.

Los ojos del fondo de la noche están despiertos.

Las fuentes del viento

¡Cómo corren las aguas
por las fuentes del viento!
Relámpagos de ausencia
sobre la tarde que crece en las palmas de la mano.

Rostro picado por la lluvia
de tantos años esperando la llegada del viajero
en el espectro de la piel dormida
y el rostro cubierto por la máscara del tedio.

Si la soledad no batiera sus silencios
quedaría la sombra
sometida al vértigo de la luz
aniquilando los presagios
como una lluvia de aquilatado diapasón
de insomnio
y verbena de voces
en laberintos de cristales deshojados
por las manos sedientas de infinito y transparencia.

Desnuda

Desnuda. El viento rozando la piel
y los sentidos.

Apetito de intemperie.
De agua, mar, sol.

Mis ojos recogieron las cenizas.
Algo me queda, aún, de las hogueras.

Una tarde, que el desgano teje
en sábanas de olvido.

La cicatriz del invierno

Del morral se escapa la camisa,
en viento
corre, sube, atisba,
baja por la vereda
que ayer se pintó de azul,
y dibuja,
en la huella silenciosa,
la cicatriz del invierno.

Miraremos

Miraremos la calle
y transcurrirán las horas en el ocio.

Volveremos a recorrer los caminos
con los ojos de siempre.

Y morirá la tarde
sin decirnos nada.

La señal de nuevas vidas

Nunca viste brillar en los ojos de la muerte
la señal de nuevas vidas,
de remotos lugares donde la soledad nos pertenece,
nos hace suyos,
y se respira el silencio de la luz intensa
sobre el rostro de la noche.

Acaso sobre el arduo bregar de la jornada
se adivina, incontenible, la bienaventurada paz
que nos espera en el límite del tiempo.

Y nos prepara para el encuentro definitivo,
éxtasis de la palabra evocada en recuerdo del ausente,
manantial de serenos cauces recorriendo las fronteras del olvido
y socavando, en el dolor, las esperanzas.

Por el ojo del agua

Por el ojo del agua, miro
la transparencia de tu mirar y sé
que no es mentira el manto
que el relicario guarda de tu voz
tendida para siempre
en el abismo de las palabras rotas
como la flor de espuma que derrama,
silenciosa,
burbujas de dolor encadenadas al viento.

Tu corazón

Busco, entre las olas, tu corazón
prendido en las arenas profundas
para lavarse las heridas de la soledad.

Huyeron las palomas hacia el centro de la noche,
ocultaron su dolor
y se refugiaron en el lecho de la luna,
manantial de aguas grises,
en la delicada suavidad del páramo.

Ya no se oyen las voces del desierto,
el silencio nos cubre con dulzura
y cada instante
es un eco que gravita en la intemperie.

Desaparece la noche

Desaparece la noche
en el inmenso paisaje de una luz intensa.

Caminamos en silencio,
tus manos reflejaban la caricia primera
y yo dibujaba en el aire una esperanza.

Sabíamos los dos
de la distancia que separa el horizonte
y decidimos emprender el vuelo.

En la orilla del instante
brota un remanso de sueños,
alivio del navegante,
morada del peregrino
cuando el sendero se aleja
y hay que proseguir el vuelo.

Si el mar

Si el mar,
si el propio mar, con sus espumas descalzas,
llegara a mis orillas
y murmurara su plegaria azul.

Y, transparente, subiera
a los andamios de mi enrejado jardín de los insomnios,
volvería a mirar el aire
para que mis ojos buscaran su refugio
en esa brizna de tiempo
que acompaña mi desnudez
en el horizonte de las sombras.

Semillas de hojarasca

El viento un día

Quiero que el viento, un día,
como piedra de horizonte,
hunda su fuerza en mi piel
—ríos de aliento sobre la herida se viertan—
hasta encontrarme la entraña
y deposite en su cuenco
las semillas del azul
y la hojarasca.

El viento, el mar y los recuerdos

Quiero poder decir un día:
Yo viví
con la sencilla transparencia de una alondra
y nada tengo más que el viento,
el mar
y los recuerdos.

De mis manos el barro
se fue en verso
palabra con palabra construyendo mi vida
y ahí quedó
grabada en la memoria de la rosa.

Acaso luz

Era en la milpa una semilla sola,
transparencia del pueblo, acaso luz;
ceñida en el olvido, a la intemperie,
se aferra a las raíces del azul
y no sucumbe, piedra en atalaya,
ante el claustro sediento de la vida.

En medio del silencio una sonrisa.

De pie su estirpe, limpia la mirada
en copa de apretado sorbo, bebe
del viejo socavón su sangre amarga,
sostiene su dolor hasta los bordes
horadando la entraña de la tierra.

La sola cicatriz preñando el alba.

El agua de mi cuerpo

Sangre de amor me cabalga,
jinete de volutas
recorre cada esquina
de mi geografía impenetrable.

Se adhiere al llanto,
participa del bullicio
y arremete contra toda incertidumbre.

Es el agua de mi cuerpo, fuente
de donde bebe
amor
mi amado.

Desátame

Desátame.
Libera mi espíritu
de su efímera morada.

Que mil lunas descubran el misterio
y viertan su luz
en las cenizas de mi cuerpo.

Que no quede una partícula
sin claridades.

Centinelas, los relámpagos
vigilarán
la trascendencia de la carne al infinito.

Y el aire esparcirá mi polvo
sobre la raíz profunda del silencio.

Despertar de una noche larga

Despertar de una noche larga.

¿Qué aliento divino dispuso del oficio
bendito de la carne
en el solaz de un lecho de renovada luz?

Instante de los silencios rotos.

Labios de virgen que adivina el fuego.

Rosa de soledades, abierta al primer rocío,
juegos de luna, bosque abrupto,
transparencia de mar,
sombra de espejos engarzados
hasta beberse el cáliz y el corazón del tiempo.

Con tu cuerpo y el mío

Hoy la noche se vistió con tu cuerpo y el mío,
figuras de cristal,
entrelazadas bajo la sombra de la luna esquiva,
celosa
del amor que prende entre las sábanas
y no olvida.

Si cada despertar guardara un poco de la luz nocturna
en escarcha los sueños,
gota a gota,
marcaran el pulso de la vida.

Vivir sin oír tu voz

Vivir sin oír tu voz,
agonía en la memoria de las horas,
despertar con la última palabra de un amanecer tardío.

No mirar la deshojada rosa de tus labios
que resurgen tenues al contacto con mi piel.

Beber por última vez la fragancia de sus pétalos,
inmemorial deleite,
súbito palpitar de las aguas bautismales,
iniciación al olvido de la carne.

Y conquistar para los dos
el canto de la soledad en un jardín que la tarde cobije.

Luz para todos

Luz para todos, el pan,
hecho en hornos de imágenes perfectas,
de belleza subiendo por las enredaderas del hambre
hasta la boca fina, precisa,
curvatura del placer
más allá de las fronteras de la rabia
fuego devorando todo lo que a su paso se erguía.

Cuando, en silencio,
el viento, con su magnificencia,
exploraba las partículas de mi cuerpo,
yo soñaba,
y el mar, espuma inacabada,
besaba la huella de mi piel gozosa,
el mundo era un poema,
una canción que tiende sus velas blancas
hacia la luz.

Celebraremos, entonces, la comunión del beso,
y seremos sangre, tierra, pan,
materia que fermenta
para moldear al hombre que ha de venir un día
a poblar su antigua soledad.

Sobre la hierba mojada

Me inclino sobre la hierba mojada,
mi piel absorbe la humedad y tiembla.

Vuelvo el rostro al amanecer,
el sol brilla sobre el horizonte;
la soledad ha perdido su envoltura
y se adhiere a mi cuerpo.

Yo canto alegremente en medio del monte solo.
Al caer la tarde, mi sombra y yo jugaremos a los dados;
el perdedor
buscará en la noche su aventura
y se adentrará en la oscuridad
sin más equipaje que sus huesos.

Certidumbre de las aguas

Manantial de los recuerdos,
apareces con esa certidumbre de las aguas
y arrancas de raíz
el árbol de la rizada copa de lo triste.

Sólo tú has podido volver a contemplar
el espejo de las ansias,
borroso, raído por las sombras,
y reflejar en él
el vuelo transparente de una aurora.

Si alguna vez
la osadía de vencer a la intemperie
despliega tus alas,
vuelca tu corazón en el trasiego del incienso
—bruma azul palpitando en el aire—
para volver al recinto de la llama,
esperanza del instante,
intimidad de la flor entre las manos.

Recogeré las flores

Recogeré las flores
de tu jardín de olvido
para alumbrar las sombras del mundo roturado
y volver
con la sonrisa enhiesta,
–címbalo,
pradera galopada
en cabalgadura de vuelo fértil–
a desgarrar el manto del silencio
que aprisiona el latido vital en soldadura de llanto,
y a renovar la sangre
adherida al espasmo de la tierra,
sabor de espuma
que no quiere volver, al cautiverio del arcón
y pinta en el sudario su victoria.

Hoy he vuelto a encontrarme con la vida

Hoy he vuelto a encontrarme con la vida.
Sitiada en lo más profundo de mi ser
por los guardianes de las sombras,
un atisbo de luz me apareció en el alma.

El paisaje devino azul
sobre la noche oscura
y el amor de las alondras reconquistó los silencios
que me acogieron un día
para mitigar las ansias de quebrantar los designios.

¿Qué tejedor oculto labró en mi soledad
el corazón herido
y lo transformó, alquimia del amor,
en semilla de alabanza?

La luz del manantial

La luz se adelgaza en los contornos del espejo,
dibuja sombras
proyectándose en la piel
hasta los litorales del sueño;
ahí habitan los fantasmas,
pobladores del alma
en tiempos de áridos paisajes,
con osamentas y estiércol.

Un sorbo del manantial
apenas moja
las orillas empolvadas,
húmedas de amanecer,
y transitar por la ribera del horizonte,
presto a reconquistar las auroras de la tarde
el primer día de un mes apenas conocido.

Despacio

Despacio, las palomas,
al margen del instante,
pueblan las colmenas de la risa
aposentadas en la luz
bajo los párpados ausentes de la lluvia.

Esta noche

Es posible que esta noche,
en el umbral de un tiempo carcomido por el ansia,
creciera, infatigable,
el laberinto de los sueños
y nos abrasara,
y, así, en esa hoguera del aliento
despuntara el alba
apaciguando la nostalgia y el hastío
hasta hacernos beber la luna
a sorbos de luz inmaculada.

La dimensión de las rosas

No pierdas la dimensión de las rosas,
guardan la faz del mundo en sus contornos.

Míralas palpitar por nosotros,
desnudarse de su luz para pintar nuestro universo,
respirar el aliento de cada víctima
inmolada en la hoguera del amor.

Ventana al interior,
atisba el momento de iluminar el corazón
y esparcir el polvo de las sombras.

Presencia de claridades en el vórtice del alma.

La palabra

No quiero que, otra vez, el silencio,
con su túnica sin rostro,
ocupe mi habitación
y vierta sus aromas en la sábana amorosa
de mi primer desvelo.

La palabra, anhelo entre las sombras,
tendrá un sitio seguro
en la almohada de mis sueños
y en la firme promesa del amor.

Un martes sin retorno

En algún lugar,
acaso en una bóveda escondida,
cierra el paso la noche a su destino.

Horadan el recuerdo
las huellas silenciosas de un martes sin retorno,
tal vez sin una sola presencia clandestina.

Como un guardián
que recoge el eco marginal de muchas voces,
el pueblo, alazán de soledades,
redime pinceladas del azul
sobre las crestas de un mar ensordecido.

La verdad de esta tarde

La verdad de esta tarde,
que apenas comienza a deletrear su historia,
tiene un aroma de pájaros y viento,
una alborada
que nace en el rincón de las estrellas
y expande su luz
hasta agrietar los párpados serenos de la noche
y levantar el día
volcando su textura en las horas lúcidas
de litorales suaves
que dibujan el infinito contorno del destino
en la hojarasca
de un otoño cubierto por la niebla.

Con la dulzura de las almas sencillas

Para Doña Elena,
quien todos los días hace
que mi vida renazca en una flor.

Con la dulzura de las almas sencillas
deposita en mi fragor cotidiano
una semilla de esperanza,
un bálsamo que atenúa el dolor
de saberme ajena al mundo,
prendida en una luz,
acaso muy lejana para hacerla de todos,
el pan de cada día
compartido en la tertulia amable
de una casa cualquiera
donde la mano franca y el corazón se abracen.

Abrigo de soledades,
rosa de asombro,
prodigio que redime cicatrices
y abre surcos de amor en mi costado.

Tus manos

Tus manos beben la noche,
tus manos son un dulce placer sobre mi cuerpo,
beben la noche
y agitan las antiguas emociones
que en mí se esconden.

Puedo entonces decir:
en una estrella el infinito se asoma
y reverbera en la carne hecha incienso, lumbre,
éxtasis que rezuma en cada gota de sudor que nos abraza.

Es cuando tu corazón late en el mío
y su plegaria es mi voz quien la murmura;
el misterio nos envuelve
y su sombra perenne, nuestra compañía.

Vierte tu cáliz

Vierte tu cáliz sobre mi pecho.
Que mi carne de placer impío
recoja de tus labios la flor de la tristeza.

Quién fuera, amor,
el árbol deshojado
cuyas ramas desnudas esperan el cobijo de la noche
para acercarse al cielo.

Quién, a la sombra del dolor,
derramara
su dulce corazón sobre mi lecho
y bebiera el vino de mis uvas frugales
en las horas vestidas de silencios.

La gaviota hizo escala en el mar

La gaviota hizo escala en el mar,
oteó el paisaje
y se perdió en el horizonte de los sueños.

Sin una guía, sin un oráculo,
sólo el viento siguiendo sus huellas.

¿Alcanzará el paraíso,
la ciudad fantasma, o la playa ausente
donde encontrar su identidad perdida?

¿Podrá rescatar el mapa que la lleve hasta el tesoro
donde su sombra, toda de estrellas, palpitase?

Descubrir de pronto
que el mar está dentro de su pecho
y que es, su propia mirada,
la luz que trasciende el tiempo
y señala el destino de su vuelo interminable.

Bebo del mar

Bebo del mar
la trasparencia de sus aguas,
el azul de su profunda intensidad.

Toda su sal
adentrándose en mi cuerpo,
toda su sal
hasta las márgenes del sueño.

Ninguna partícula me es ajena,
pertenecen al sanguíneo torrente de mis ansias,
están en mí
con la fuerza de su oleaje
y la infinitud de sus eternos horizontes.

La soledad

Engarzar los silencios que se extienden
pálidos
en el fondo del espejo.

Y volver al mar
porque sus aguas quieren vestir nuestros sueños
con la espuma
y comenzar a desnudar las palabras
que rasgan el corazón de los días.

Para cuando el alba crezca
florecerá ligera la soledad
y será una fiesta de emoción la primavera.

Tu presencia

Me gusta oír el aire pertinaz en mi garganta,
no encierra el perfume del incienso,
pero deja la huella de los bosques
en un murmullo de hojas secas.

Así siento tu presencia
en medio de la brisa que abraza mis palabras,
cuajadas de rocío y luces de la tarde.

¡Demasiada soledad para tan poca vida!

No miraré por las rendijas de los muertos,
haré un altar de arena y lumbre
para depositar los escombros del silencio.

Un blanco vuelo

En los despojos de mi corazón
hacen su nido las palomas.

Un blanco vuelo
se desprende
y mis manos
levantan su voluntad de estirpe recia
al horizonte consagrado
por las notas de un canto apenas percibido,
alborotando redomas
que en sueños vierten caudales de intemperie,
ecos del destierro,
lejanos avatares.

Vientos nuevos se derraman
sobre la piel de mi tristeza.

Viento de abril

Es el viento de abril
que se asoma por entre las rendijas de mi piel,
soñador,
evocador de nostalgias
y recuerdos.
Y me olvido del instante
de las cotidianeidades que empequeñecen el alma,
y vuelvo a la soledad
donde me espera
la verdadera razón de mi existir.

Descubro lo que de cierto tiene el amanecer,
la sonrisa del cielo,
abierto a la inmensidad de la noche.

Y participo de sus misterios.
Me adhiero a su vorágine contagiosa,
vuelvo a sentir
el fervor de los pétalos de luz
amaneciéndome,
y renace la semilla
que espera siempre la lluvia
primera
como un designio de Dios
en el deshabitado corazón,
para florecer
en una enredadera de inocencia
bajo mis pies descalzos.

Astillas de luz
2009

Mi corazón, semilla

No es sobre el rostro del mundo,
ni sobre el profundo laberinto del misterio
que encuentro tu mirada.

Es en mi corazón donde se posa
—semilla que alumbra mi costado—
y renueva la sangre
la voz
y la palabra.

La vida, a veces

La vida, a veces
nos hace el milagro de repetirnos
en otra mirada,
en las manos que dibujan nuestro rostro
hecho de incienso
y de lumbre,
de relámpago certero
de claridades.

En la vigilia discreta del amanecer

Cuántas vidas en una sola vida.
Cuánta luz en cada sepultura,
y sin embargo, el tiempo no dice
cuándo se desgrana el ser para sí mismo
y cumplir su destino inacabado,
incierto.

¿O es el destino del otro
el que nos acompaña en cada despertar,
en la vigilia discreta del amanecer,
en el reposo
y en la vorágine de la palabra desnuda?

Por el cáliz errante del espejo

La semilla luz,
laboriosa,
que de antiguo emprende
la vívida batalla por el día,
hoy descansa,
yerta,
–con un incontenible murmullo de penumbra–
en los laberintos alados del naufragio.

Memoria navegando,
sola,
por el cáliz errante del espejo.

En los ojos vacíos de la tarde

Hay días, como hoy,
que llevo
todo el dolor del mundo en la mirada,
agostándome la sombra hasta el filo del relámpago.

En la tierra, gotas de ausencia,
máscaras de espuma,
junco serpenteando
en los ojos vacíos de la tarde.

Profeta de los sueños

Siempre será corta la vida
para el viejo profeta de los sueños.
La esperanza, sobre el mar,
ave que emprende
el imaginario vuelo de las olas
donde los equilibristas
dibujan la aventura de la niebla
y trazan, en el viento, su destino itinerante.

Los alquimistas del silencio

En el tiempo de otros tiempos,
marejada que envuelve la noche,
vinieron a acunarnos
los alquimistas del silencio.

Mi voz
quiere volver al manantial de la intemperie
y mirarse,
desnuda,
en la fugaz incertidumbre de la llama.

Arenas del tiempo

Y ahí estaban
la desnudez de las piedras,
la voz apacible del arroyo,
el sueño de los montes
y el canto tuyo y mío,
nuestro,
como un paisaje
perdido
en las arenas del tiempo.

Vientre de mar

Beso tus labios de arena,
tu vientre de mar,
para beberme toda la sal
todo el silencio
de tu cuerpo de náufrago
y llenarme de ti
de las nostalgias,
los olvidos
y, por qué no,
de los fulgurantes latidos de tu alma.

Racimos de la tarde

Racimos de la tarde
calman mi sed de lumbre
olvido bañado en madrugadas.

Embrujo de un recuerdo
vivo
en los inermes maderos de mi claustro.

Hasta el desnudo lindero de las ansias

En un diálogo de abrazos
nos reconoceremos.
Nuestra voz, la piel,
murmullo de plegarias
y secretos,
descubrirá el sonido de la sangre,
la armonía de los cuerpos
en el espacio sin límite del gozo,
espiral de lumbre
subiendo por el vientre del abismo
hasta el desnudo lindero de las ansias.

El corazón deshabitado de la náusea

Otros tiempos vendrán.
La palabra,
albergue de la oscuridad,
desnudo ropaje del insomnio,
como un crisantemo de alas rotas
se marchitará en el viento.

Compañera del hambre y la penumbra,
recinto de la luz,
desde el trasiego de las sombras
renacerá,
esperanza aglutinada,
en el corazón deshabitado de la náusea.

En la dulce melodía de mi llanto

La canción
que nunca brotó de mi obstinado pecho
quedó apenas murmurada
en la dulce melodía de mi llanto.

Fueron tiempos adversos
aquellos que sembraron de infortunio
las palabras quimeras,
las que habitan los senderos interiores,
abren cauces
y rompen el cerco del mundo en llamas
poseído por la herida del misil
y las viejas cicatrices de la rabia.

Desde las orillas del tiempo

Qué morirá cuando yo muera.
Quedará algún vestigio
del combate conmigo
por construir una mujer serena.

Existirán mis sueños,
alguien heredará mis buenas intenciones,
mi melancolía,
la soledad
acariciada tantas veces
o aquellas tardes de lúcida belleza
cuando el alma vestía sus delicadas prendas
y un caluroso manto sobre el mundo
rompía la voluntad inquebrantable del destino.

Seguirá viviendo ese anhelo incesante
por abrazarlo todo.

Las amorosas manos
acunarán las espigas
en los andamios desiertos de la tarde.

Si la mirada pudiera
lavar las heridas de los muertos
y deshacer el nudo de la carne,
yo volvería a contemplar,
desde las orillas del tiempo,
el rostro iluminado, eterno, de la vida.

Tomar la luna con mis manos

Quiero tomar la luna con mis manos
desdibujar la noche para perderme en ella
y buscar en el silencio de su páramo
la sombra que cobije
mi sed de claridades.

En la noche del huerto

En la noche del huerto
—olivos por toda compañía—
sentiste el dolor y el miedo
el abandono
la traición
el silencio y la soledad de ser un hombre.

De las aguas, el recuerdo

De las aguas las olas del recuerdo
volvían incesantes a tocar mis orillas.

Mojaban mi cuerpo de olvido
mis manos de sal,
espejos encontrados.

Era como volver a contemplar los sueños,
acariciarlos,
saber que no han muerto,
que siguen esperando
del otoño y las higueras,
en la hierba húmeda,
la resurrección, del milagro.

Espejos de la realidad, nuestros cuerpos

Desaparecen las horas.
Se construye la vida en la memoria lúcida.
Espejos en la realidad,
nuestros cuerpos escriben la historia en secreto.

Sólo la huella nos convierte en llama,
antorcha en el anonimato de la estirpe ajena,
horizonte,
rompecabezas del aire
que va armando con palmos de agonía
el infinito inalcanzable,
tan deseado,
tan perseguido,
nuestro siempre.

Palabra luz

Quiero volver a contemplar el día
desde el abismo de mi noche obscura
y creer otra vez en la palabra
que derrame su luz en mi agonía.

Quiero la voz

Quiero la voz
para decir tu nombre
y una plegaria para cantar los versos
que hicieron de los hombres
la esperanza de Dios.

Siguen los sueños latiendo en mi costado

Otros días vendrán
pero no serán los mismos que cubrieron con su rostro mi agonía.
Lejos quedaron de las piedras rodadas
de los viejos caminos.

Aquellos que en tropel se amotinaban en mis horas yertas
entre las sombras esquivas
y los faroles de la calle.

Siento su mirada en la oquedad de mi pecho,
cabalgan por la sangre
y la esperanza.

Siguen los sueños latiendo en mi costado.

Al filo del instante

Sonaron los pasos de las aguas quietas,
silencios y silencios tocan la piel
por el vértice del alma
y dejan su luz
en un amanecer
al filo del instante de abrazar el cielo.

Carne doliente

Sólo soy un minuto de carne doliente,
llaga viva al contacto con el aire,
herida horadando la esperanza.

En un breve despertar
pasado y futuro
unidos al vaivén del péndulo
en las horas desnudas del olvido,
únicas astillas habitables
en la insondable cavidad del viento.

Quiero tocar todos los rostros
desnudar los cuerpos,
saber que existen bajo la túnica del llanto
y las máscaras de arena
con toda su verdad
y su belleza límpida
y preservarlos del espanto
y de la casi invisible mirada del estiércol.

Crecen los muertos

Crecen los muertos bajo un cielo áspero.
La única luz,
esperanza de la paz soñada,
es la medida del amor.

Máscaras de todos los días,
aves de clandestinos paisajes,
hunden el rostro en la mirada del hambre.

Se oyen las preces por el último suspiro,
el cántaro se quiebra en el aire como lluvia de otoño
vertiendo su aureola incandescente
sobre las maceradas flores del olvido.

Dejo mi libro

Dejo mi libro y abro la puerta
para que la tarde entre a conversar conmigo.
Me trae noticias del mar
y de aquel albatros que un día anidó mi pecho.
En remolino me lleva al desván de los recuerdos
y me respiro amiga, amante y compañera.
No borra las huellas,
abre surcos
y me devuelve en el aire la libertad.

De mi pecho, la gaviota

Mar, espuma que cabalga por sobre el horizonte,
arrullo de la playa
en las arcillas de mi piel.

Canto que murmuras
por las arenas suaves del paisaje
y meces las hamacas de los caracoles
con el viento soleado de tu rostro
marcado por las huellas del relámpago.

Espejo de gaviotas,
cuna de algas y peces fértiles,
cobijo del dolor en el incesante suplicio
que brilla por los largos cabellos de mi llanto.

Junto a ti he de dormir un día
para que tus aguas limpias
mortaja de mi cuerpo lacerado
acunen mi silencio
y vuele de mi pecho la gaviota.

Soy un silencio que navega

Soy un silencio que navega
en medio de la luz intensa.
No hay vuelta para el caminante
que no acierta a contemplar su resplandor.
Vive en la luz
y la oscuridad es quien vela en su alcoba de inocencia.

Sobre el clamor de las voces,
el mismo silencio por respuesta:
tristísimo minuto que envuelve la eternidad del aire
entre los escombros del amanecer.

La náusea siempre en el espejo del insomnio.
Y el vigía
transitando por la soledad,
la del fuego eterno
y las cenizas en la cruz del desamparo.

La palabra, señal del navegante,
silencio decantado en el rumor del incienso
y las hogueras clandestinas
pervive,
ráfagas de lumbre,
en el latido ancestral de la mirada.

Dulces sombras para contar

Dulces sombras que acompañan
la memoria del hastío,
flores de la soledad.
Presencias de un olvido cotidiano
a fuerza de vivir
y no caer en el embate de los días aciagos,
sin pan ni llamaradas,
recuerdos de pasadas glorias
para contar, con la ternura del ocaso,
en las tertulias de un domingo por la tarde.

Por los pétalos del aire

Por los pétalos del aire me he asomado,
para mirar las orillas del silencio
y una luz
como saeta
hiende
su inmensa claridad sobre mi pecho.

Gravita el corazón,
doloroso palpitar del navegante,
la soledad,
flor abatida por la ausencia,
raíz de sombras,
vértigo
sobre el rostro abrupto del invierno.

Aves de paz

Bajo la sombra secreta de tus brazos
aves de paz hacen su nido.
Aroma dulcísimo del viento
meciendo las ramas interiores,
hogueras de sabor a hierba,
antigua llama
donde nace temprana la promesa del mar.
El mar borrando toda huella,
todo exilio,
dibuja en la tarde una sonrisa húmeda.
La tarde
sin eco de fantasmas,
sin eco de relámpagos
ni lluvias consteladas;
la tarde serenísima, de incendios decantada,
¿quién sino ella
para fraguar la lágrima?
Astilla,
dardo tenaz de humo en sombra cauta
por el tacto incendiado de tu cuerpo y el mío,
va dejando una espuma de fiebre que calcina.
Marea de fuegos en un amanecer azul.
Intacto.
Espíritu infinito el que bordean
aves de paz,
tu corazón y el vuelo.

Altar de los presagios

Caminamos por las mismas huellas que otros hombres
y volveremos a encontramos.

No sé si en el remanso de una plegaria
o en el altar de los presagios.

En el encuentro nos miraremos a los ojos,
nuestra voz cantará los himnos que cegaron los verdugos
y la palabra, como un río,
correrá por las venas transparentes
de aquellos que nunca perdieron la esperanza
y perdonaron las ofensas.

Una luz intensa brillará en el horizonte,
cuando el hombre, despojado de su claustro,
se redima.

En el último suspiro

En el último suspiro
la pureza de la muerte nuestra
permanece a través de sus misterios
en la raíz misma de su esencia,
en el construir de otras alegrías
y de otras soledades.

Las cenizas, en la noche

La luna trazó su luz
sobre la tapia azul de los recuerdos.

Las cenizas, en la noche,
contaron los muertos que deshoja el viento.

Estarse sin estar

Hunde el mar su arena en mi destino.
Confesa ante sus aguas,
sobre el atardecer me tiendo y, serena,
espero a que mi cuerpo absorba
el último minuto de claridades
y en la penumbra
vuelo
guiada por la luz de las luciérnagas.

¡Qué placidez, qué sueño
de estarse sin estar prendida al mundo!
y reposar al viento, al mar, la arena
sin puertas con candados
ni ventanas.

Mi habitación el universo entero,
mi lecho el mar
con su inefable espuma.

A DESHOJAR LA TARDE

Desnuda como el mar,
con la risa en las espumas del recuerdo
y ese instante de pétalos ausentes
con que el abismo devolvió a la sombra su destino,
me iré
a desenterrar las redomas del olvido
deshojar la tarde,
construir jardines
en el desfiladero de las horas muertas
y a recoger los frutos
escondidos
en la fecunda huella de sus aguas.

Es preciso volar[22]

Es preciso volar
por la enredadera que sostiene
la frágil cúpula
del sueño inalcanzable
y penetrar el cristal etéreo
que recubre su auténtica morada
y volver los ojos
al recóndito abismo
de su esencia,
para encontrar la génesis
de su textura luminosa
y continuar el vuelo
hasta fundirse
en un inacabado
proyecto de esperanza.

---

[22] Poema publicado por vez primera como presentación de *Poemas de octubre,* 1982.

Poemas inéditos[23]

---

[23] Selección de apuntes poéticos del acervo de Manuel Mercader Martínez, manuscrito inédito aportado por su hijo Manuel Mercader Duch.

La claridad de los silencios

A mis amigos del PAREP
(Programa para Abatir el Rezago
Educativo de las Primarias)

Nos hemos conocido un tiempo breve.
Acaso las suaves brisas matinales
fraguaron el conjuro
o fue tal vez la tarde serena y limpia
que golpeó nuestras sangres.
Mi corazón, confuso, no se impacienta,
bebe el delirio místico de los afectos,
y se ofrece a sí mismo
para labrar la claridad de los silencios.

Metamorfosis del tiempo

En la memoria de la noche
descorre el velo la imaginación
en el preciso instante
de la luz en la conciencia.
Y la esperanza retoma el sendero,
y el porvenir se alumbra, se asoma
con su fuerza.

Si aún pudiera,
lirio que crece en el abismo...
Si aún pudiera
retornar al sereno manantial de ausencias,
bañarme en el olvido de sus aguas
y, horizonte de una luz naciente,
arar el tiempo que vendrá mañana...

7 febrero de 2003

Cruce de fuegos
devorando la infinitud de los abismos
en una arquitectura
de silencios.
Refugio,
alegoría de símbolos,
como un presagio de luz
en el espejo.
Metamorfosis de las sombras,
tierra adentro,
hacia el vientre de la noche.
Las huellas en el agua
sobre el paisaje del tiempo.

27 enero 2004

(Fragmento poético inspirado en la exposición "Arte Bienal Contemporáneo")

Vértigo de ausencias en ráfagas
de tempranas alegrías,
abismo deshojado.
Hora crepuscular,
paisaje antiguo de la soledad,
dibujado sobre las piedras del silencio.

14 marzo 1996

Cataluña

Cataluña,
espejo de mi infancia más remota,
te miro y quiero descubrir,
en cada piedra milenaria de tu historia,
mi propia voz,
venida de muy lejos,
de otros remotos lugares
que encienden mi piel
y avasallan mis sentidos.
Estoy aquí
hurgando en mis fibras más sensibles,
desmenuzándome
con el cuchillo fugaz
del viento que me envuelve y me devuelve
a mis auténticos solares,
al apacible caminar del indio
que crece en mí
y se agiganta...

Por la luz del polvo

Al poeta Juan Duch Colell

Del viejo olivar a los maizales
florecieron tus sueños,
labriego en el dulce bregar de los afectos,
generoso reparto de los panes.
Vientos de esta tierra te forjaron,
enraizaron tu historia a su destino,
te hicieron sabio.
Navegaste por la luz del polvo,
de las soledades aprendiste a morir un poco cada día,
a vivir con el dolor del yunque sobre la piel.
Poblaste de voces la sementera de mi carne,
construyendo el porvenir con el latido del alma;
como un cristal sin tropiezos
el corazón creció tus alas.
Más allá del cerco de los hombres
del lejano torbellino de las ansias,
llegarás, con el horizonte de los tiempos,
a desenterrar, de entre los huesos, a la esperanza;
en barbecho, tu corazón, tu sangre,
pulsarán las cenizas del silencio.

1 diciembre 1995

La ninfa de los sueños
baila una suerte de luz en agonía,
se desdibuja en los velos del aire,
transparente identidad con la intemperie la acecha,
quiere burlarse del obscuro duende que la persigue
con gotas de lluvia intensificada,
por donde el arcoíris bajará a su encuentro.

Después, las palomas,
al margen del instante,
pueblan las colmenas de la risa
aposentadas en la luz
bajo los párpados ausentes de la lluvia

4 abril 1974

Al nacer
el púlpito gritó tu nombre
entre las sombras del claustro
y los balbuceantes pasos del hacedor de sueños.
Nadie sabe la fecha ni el día
que el volcán parió la dosis de tragedia.
Sólo el humo
deslizándose en el vértice del paisaje
formó parte del himno
que descifrara los presagios de tu estirpe

7 abril 1974

Las aguas, por el manantial de la risa, sin dejar rastros, se
             [debaten en un remolino de ausencias.
Las hojas cubren su osadía de volcar el dolor por los peñascos
             [de la incertidumbre en espumas clandestinas
que mojan las orillas del ensueño.

8 abril 1994

Evocaciones

Irene Duch Gary o la serenidad de una vida

Para Mauricio Robert Díaz

Su participación en el grupo Platero

El ya famoso Taller Literario Platero se creó en el año de 1970, a instancias del pintor y escritor Inocencio Burgos y un grupo de aspirantes a crear literatura, comandados por Juan Duch Gary y otros amigos de éste: Francisco López Cervantes, Humberto Repetto Ortega, Jorge González Acereto, Rubén Reyes Ramírez, a los que se sumaron Raúl Maldonado Coello, Leopoldo Creoglio Burgos, Lupita Bello, Rolando Bello Paredes, Lía Pomar y otros.

Poco tiempo después, se inició la publicación de la revista *Platero*, cuyos siete números ya forman parte de la historia literaria de Yucatán. Ahí, los jóvenes escritores dieron rienda suelta a su creatividad literaria y crítica. Muchos de los que ahí publicaron dejaron de hacerlo pronto y se dedicaron otros asuntos. Sólo Raúl Maldonado, de ese primer grupo, se convirtió en promotor cultural, editor y creador de dos suplementos memorables en el *Diario del Sureste*: *Punto y Seguido* y *Dos Puntos*. También Leopoldo Creoglio Burgos, que era periodista (primero en el *Diario de Yucatán* y después en el *Diario del Sureste*, del que llegó a ser director durante algunos años). A él se debe la creación del suplemento dominical *El Búho*, publicación emblemática de aquellos años. Y Lupita Bello que emigró a Tamaulipas, donde realizó una estupenda labor editorial y periodística, fundando la revista *Cariátides*, una de las más bellas editadas en nuestro país. Los demás integrantes del Taller Platero desaparecieron en su cotidianeidad de todo el año. Se dedicaron a otras cosas, menos a escribir.

Por esos años, a finales de los años setenta y principios de los ochenta, Irene Duch Gary ya empezaba a escribir sus primeros poemas. La conocí por esos años cuando trabajó en el Inca Rural, en una oficina de la colonia Itzimná, cerca del parque en la calle donde empieza la casa de las señoritas Alonso y donde estuvo un emblemático restaurante llamado El Callejón del Árbol, muy famoso por aquel tiempo.

Un día me llamó, para proponerme dar un curso de redacción a empleados de esa institución, de la que era director Francisco Rodríguez (a quien todos conocían como Paco Rodríguez), un hombre educado y fino en sus atenciones y con quien uno se sentía muy bien al tratarlo. Pocos días después, la fui a ver a su oficina del Inca Rural. Me recibió una mujer de maneras tímidas y corteses, serena en su hablar y modo fino de expresarse, tranquilo. Ahí me dijo que tenía un grupo de amigos que formaban parte del Taller Platero y que ahora se reunían para hablar de literatura y otros asuntos. Su hermano Juan y Francisco López Cervantes ya me habían invitado a formar parte del grupo. Juan durante una cena en 1980, en casa del director de la Alianza Francesa, que en aquel entonces era Marcel Gabriel, al escritor y cineasta Alan Robbe-Grillet, miembro de la llamada Generación de *noveau roman* Francés. Acepté participar en esas reuniones y así pasé a formar parte del Grupo Platero.

En esa reunión en su oficina me habló de su esposo catalán Manuel Mercader Martínez, exjesuita y pedagogo de alto nivel que llegaría a ser un amigo entrañable y generoso.

Por esos años, Irene colaboró en la revista *Páginas* con algunos poemas, como lo haría después en *Signos*, publicada en los noventa. También en aquella época el Consejo Editorial del

Gobierno del Estado le pidió un libro suyo para publicar y dio a la imprenta *Si abril y el viento*, que en realidad debió llamarse *Si el viento y abril*, pero por un error en el diseño de la portada apareció con el primer título. Siempre nos lo reprochó a mí y a Paco López Cervantes que éramos los responsables de las ediciones de dicho Consejo Editorial.

Las reuniones del Grupo se realizaban en la casa de Irene en la colonia García Ginerés. Ahí, nos reunimos los del Grupo Platero, a los que se sumó la poeta Arathy Mendiburu, Carlos Silva (poeta salvadoreño) y don Juan Duch Colell como invitado destacado. Hablamos de todo: literatura, arte, política, tratando de componer y descomponer el mundo. Eran los días del delamadridismo nacional y el cerverismo local, que daban para deshacer cualquier cosa. Opinábamos, leíamos poemas, bromeábamos. Tomábamos vino o cerveza, pan con tomate (estilo catalán), algún postre. Nos divertíamos.

Años antes, en 1981, el Taller Platero había publicado la antología grupal titulada *Identidad provisional*. A raíz de esta publicación, se le ocurrió a Juan Duch Gary empezar a editar pequeños volúmenes de poesía, prosa y aforismos en publicaciones que salieron bajo el título de Publicaciones Platero y otra denominada Folios de Platero.

De estas colecciones se publicaron *Paisaje de hierro* (1984), que reúne cuentos de Jorge González Acereto, uno de nuestros mejores cuentistas. Ojalá algún día reúna en un volumen todo lo que ha escrito. Es un escritor valioso para la literatura de Yucatán; *Diagonal de sombra* (1983), de Juan Duch Gary, y los cuadernos colectivos *Poemas de octubre* (1982) y *Espejo de presagios* (1986) que recogen los trabajos de Francisco López Cervantes, Irene, Rubén Reyes y Carlos Silva. Después salieron otras publicaciones de Juan Duch Gary y Arathy Mendiburu y aforismos y un Folio de mi autoría.

Ya en esos poemas de Irene se notaba que en éstos hay un canto por las cosas que nos dejan, que hincan su huella sobre la cotidianeidad nuestra. Poesía en donde la consciencia de ser transitorios se enciende y nos muestra el camino de la fugacidad del mundo. De un mundo que se nos va en cada ausencia, en cada presencia, en cada instante contenido de serenidad y belleza.

Por esos años, el Grupo Platero recibió la visita (en casa de Irene en la García Ginerés) del periodista Ricardo Cortés Tamayo, que había recibido poco antes el Premio Nacional de Periodismo. En esa ocasión todos leímos algún poema o texto literario. Don Ricardo disfrutó esa noche y contó anécdotas y sucesos de su profesión y su antipatía por Octavio Paz. A su regreso a México publicó en el periódico *El Nacional* una pequeña crónica de su encuentro con el grupo literario, que fue para nosotros de una gran generosidad. Venía muy seguido a Mérida porque una de sus hijas vivía aquí. En sus visitas también se reunía con el periodista y poeta Juan Duch Colell, amigo de él desde los años en que don Juan vivió en México.

Irene fue una poeta fina, de ojos bien abiertos para apreciar la belleza. Estos versos lo confirman: *Es temprano todavía:/en el horizonte despunta una promesa de aurora.* (De *Poemas de octubre*, 1982). Y este otro: *Un haz de piedras languidece /en la atmósfera serena /que el aire envuelve.* Y otro: *Desmayada mi tarde /en su ocaso desierto, /se tiende entre las sábanas /de los renunciamientos.*

En su casa de la García Ginerés vimos crecer a sus hijos: Manuel y Pablo. Ahí vivieron ella y Manuel durante algunos años. Después se pasaron a vivir a una casa del fraccionamiento Nueva Alemán. Ahí, Irene nos siguió convocando a las reuniones del Grupo Platero. Se sumaron otros interesados en la literatura y la cultura: la antropóloga y poeta Carmen Morales Valderrama y la también antropóloga María Elena Pérez Rejón, Beatriz Solís Sánchez, Gustavo Abud Pavía y Mauricio Robert, amigo de Irene y de Manuel, pedagogo como ellos, la finura de su trato y su cultura se imponía en cualquier conversación. También escritor con publicaciones sobre Antonio Machado y cuestiones de su profesión.

A la vuelta de casa de Irene vivía su tío Juan Duch Colell y en la casa del poeta y periodista nos reuníamos con frecuencia los del Grupo Platero, del que él era un guía insustituible, hasta su muerte en 1998. De esas reuniones yo siempre salía (supongo que los demás también), con el sentimiento de haber aprendido y *aprehendido* algo: que la poesía y la literatura en general era la parte más importante del *conocimiento* y que como pensaba el poeta guatemalteco Luis Cardoza y Aragón "que la poesía es la única huella perdurable que deja el hombre a su paso por el mundo". Y que lo demás es superficial, superfluo y vano.

A mediados de los años dos mil, después de un viaje a México, por cuestiones de trabajo, tuvo que ser hospitalizada ahí, y a su regreso y después de consultar con sus médicos, le diagnosticaron cáncer. Sus amigos la acompañamos en esos momentos difíciles. La íbamos a ver con frecuencia, porque siempre nos convocaba a seguir reuniéndonos en su casa, para conversar como siempre lo hacíamos, de literatura, música, pintura, política y todo lo que se nos ocurría. Además, su hermano Juan había muerto años antes, en 2003, en Coatzacoalcos, Veracruz, y fue una pérdida muy sentida para ella y Manuel, como para todos los que lo conocimos y quisimos. Tan es así, que la Universidad Autónoma de Yucatán, por sugerencia del antropólogo José Luis Domínguez Castro, publicó un libro con los poemas de Juan, que lleva un estudio acucioso del poeta Rubén Reyes Ramírez y que Irene apoyó con información sobre su hermano, proporcionando poemas inéditos y fotografías desconocidas del poeta.

En esos días difíciles, un amigo común, el editor Rolando Armesto Walkoff se prodigó en atenciones con ella: le llevaba libros, chocolates y se preocupó siempre por su salud. Meses después del fallecimiento de Irene, la editorial Dante, de Rolando, le publicó de manera póstuma el libro de poemas titulado *Astillas de luz*, 2008, en una bonita edición y un disco en el que Irene lee poemas de otros poetas. Al escucharlo, podemos oír su voz con una nostalgia que contagia al escuchar su voz suave, serena y de sus hiladas palabras inconfundibles.

Mucho tiempo antes de morir, como si algo presintiera, escribió este poema, en el que anunció, como si fuera vidente de su propio sufrimiento. El poema nos conmueve por su precisión de sentimientos anticipados:

Ausente

La mujer no está.
Se ha ido poco a poco.
Extrañamente.
Nada de un adiós
de esos que anuncian
la salida rumbo
a una fiesta
ni tampoco de aquellos,
dramáticos adioses
en tono de renuncia,
con las lágrimas salpicando la puerta
a la hora final de la partida.
¿Cómo decirlo…?
Se ha ido lentamente.
En porciones microscópicas de alma.
En dosis de mudanza total,
definitiva.

Y en este otro poema publicado en 1992 en la revista *Signos*, anterior ya desde esos años, su inexorable destino final. Y entonces Irene canta enunciado destino.

Después de mi silencio
Quién vivirá después de mi silencio
cuando la cresta del mar
haya arrojado las últimas arenas de mis huesos
y la playa,
vestida con mi ausencia,
se estremezca
ante el vuelo matinal de las gaviotas.

    Y partió sin aspavientos, con serenidad, bondad y benevolencia para todos los que quedamos después de ella. Siempre recordaremos su risa franca y abierta, la finura de su trato, su solidaridad con el amigo en épocas difíciles y de bruma, su centro concéntrico de inteligencia y de palabra honesta y acción ética, sin fisuras.

    Sus cenizas reposan y fecundan hoy un árbol, en una escuela rural que lleva su nombre y en el mar donde conviven con los peces, las olas y la arena.

    Después de la muerte de Irene el Grupo Platero se apagó, y concluyó así una historia de varias décadas de un taller, una revista, un grupo y sus publicaciones que ya forman parte del paisaje cultural y de la literatura que se escribe en Yucatán.

Mérida, 31 de marzo de 2019

Roger Campos Munguía

Se fue Irene un miércoles

Viernes, 13 de junio de 2008, desde París, por correo electrónico.

Se fue Irene este miércoles 11 de junio.

Su decaimiento fue tan rápido, al final de la enfermedad, que muchos de ustedes probablemente no fueron advertidos de que su fallecimiento iba a ocurrir pronto.

Ella expresó lo mucho que agradecía el apoyo que sus muestras de afecto le proporcionaron durante el año que luchó contra el cáncer.

Creo que quienes deben agradecerle somos nosotros por todo lo que nos aportó durante su vida.

Cariño, apertura y esperanza en el otro, humanidad y compasión verdaderas, que ella sabía expresar no sólo con palabras sino en actos constructivos y eficaces, y siempre discretos.

Lucidez, rigor y ética personal y profesional, que no admitían vacilación o compromiso, ni en el discurso ni en la acción; este valor, interpretado por algunos como rigidez, era, probablemente, lo único que ella exigía en su relación con los demás, en la que su entrega era total: dulce y tierna en afecto, implacable frente al abuso, la injusticia o la irresponsabilidad.

Una gran capacidad en su ámbito profesional, en el que sabía, como pocos, elaborar concepciones y facilitar, en la práctica, lo que el otro necesita para aprender y crecer.

...Y su gran talento de expresión poética de los anhelos y añoranzas frente a la vida y a la muerte.

El vacío que nos deja, sólo será colmado por la riqueza del recuerdo. Demos la bienvenida a su espíritu.

Un fuerte abrazo

Françoise Garibay

Irene Duch Gary. El poderío de la belleza

Suele pensarse que la poesía no es otra cosa que palabras bonitas pero insustanciales. Sin embargo, si nos fijamos con atención, es una sucesión de imágenes que en lo profundo nos hacen vislumbrar la respiración del espíritu. El infinito azar dela poesía despliega un oleaje rítmico que hace brotar realidades indecibles. En el fondo el silencio se articula con los sonidos en arquitecturas fuera del tiempo. Y en la línea imprecisa entre el sonido y el sentido del idioma aparece de pronto un giro de la belleza, aquello que no puede decirse de otra manera.

Dostoievski escribió: "...la belleza salvará al mundo". Irene Duch encarnaba este espíritu en su corazón, esta respiración serena que envolvía todo su ser. Era la belleza que se traslucía en sus poemas y que latía en su identidad cotidiana. Como todo poeta verdadero, Irene contribuía a salvar al mundo en lo más profundo de sus pliegues.

No es fácil bosquejar en unas líneas la personalidad de Irene. Ella era un ser que traslucía paz y un equilibrio entre su existencia práctica y su tarea de escribir poemas siempre sencillos pero hondos.

Esto nos recuerda unos versos de John Keats traducidos por Julio Cortázar: *La belleza es verdad y la verdad belleza... Nada más/se sabe en esta tierra, y no más hace falta.* Entre Keats y Dostoievski se establece aquí una fuerza magnética que une a estos dos grandes creadores. Porque la belleza es la verdad que ha de salvar al mundo, que salva nuestra existencia día a día en un mundo doloroso difícil de soportar.

"...también entre los pucheros anda el Señor". Estas palabras de Santa Teresa de Jesús las decía Irene cuando estaba concentrada en preparar algún guiso para los amigos, y su humildad sonreía casi sin que se notara. Siempre vi a Irene alegre, habitante del reino de la poesía. Era ciudadana de ese reino impalpable pero más real que este mundo en que nos movemos entre oscuridades y lamentos, un reino repleto de luz y esperanza de la verdad y la belleza que nos esperan al final del camino.

Mérida, Yucatán, febrero de 2019

Francisco López Cervantes
(Distrito Federal, 18 de oct. de 1951-Mérida, Yuc., 10 de dic. de 2019)

Mi humilde homenaje para Irene Duch Gary, mi madre

Hace ya más de cinco años desde que falleció mi querida madre, desde aquel entonces mi padre se ha empeñado insistentemente en dar a conocer su legado y ha trabajado sin descanso y con mucho cariño y dedicación para lograrlo, ha buscado con paciencia entre miles de papeles, cajones y recuerdos, ha buscado la complicidad de amigos y familiares para tan compleja labor, encontrándose en algunos casos con la firme convicción de la importancia de dejar y compartir con la humanidad (como él lo define), una obra que merece ser conocida y estudiada; y en otros casos cierta indecisión, ante la duda de no saber qué es lo que ella, que era tan reservada en muchas cosas, hubiera querido; y yo, tengo que reconocer que después de darle muchas vueltas al asunto, creo que ambas posturas son muy válidas y respetables.

Ahora la insistencia de mi padre se ha enfocado en que yo escriba algo sobre mamá y no se imaginan lo difícil de la encomienda, cada vez que intento comenzar vienen a mí una infinidad de sentimientos encontrados, miles de pensamientos, recuerdos, y algo se me atora, se me forma un nudo en la garganta y no puedo contener las lágrimas. Sólo Dios y ella saben el dolor y el vacío que significó para mí su muerte y que desde el día que supe de su cruel enfermedad y su irremediable final una parte de mí se apagó, pero he decidido colaborar y le he entregado a mi padre copia de los poemas y cartas que mi madre me escribió y que guardo como mi más preciado tesoro, en ellos siempre me demostró lo bien que me conocía con solo mirarme. También, aunque reconozco que no heredé de mis padres la vena de escritor, ni de poeta y que temo desentonar entre tan cultas y distinguidas plumas, me he decidido a escribir a mi manera mi muy humilde y sencillo homenaje para Irene Duch Gary, mi madre, alguien a quien además de querer entrañablemente, admiré y me identifiqué tanto con ella. No es mi intención dirigirme directamente a ella en esta carta, ni manifestarle lo que siento o lo que sufro, eso siempre quedará únicamente entre ella y yo, como tantas cosas que sólo las personas que tengan una complicidad tan especial como la nuestra pueden entender.

Se ha escrito bastante sobre sus características como poeta o pedagoga, pero su herencia tiene otra vertiente, la de la profunda huella que dejó en su familia y en todas las personas que tuvimos la dicha de estar cerca de ella. Lo llenaba todo de una manera muy especial con su carácter y su enorme amor y cariño por todos nosotros. Fue una mujer maravillosa, llena de virtudes y cualidades sin igual y la mejor madre que me pudo tocar. Sigo sintiendo su presencia cerca de mí de manera intensa todos los días y a todas horas, en todo lo que hago, sé que vela por nosotros, que nos cuida y que nos quiere como sólo ella sabía hacerlo y que nos ayuda a tener fuerza y coraje para seguir la vida sin ella. Nos dio una gran lección de coraje, fortaleza, valentía y de dignidad ante todo tipo de adversidades que ocurrieron en su vida, nos enseñó a todos que hay que aceptar lo que la vida te depara sin desesperar, como algo natural y que son impedimentos que hay que superar. Nos dejó claro que no es feliz el que más tiene sino el que menos necesita.

Siempre fue para mí un ejemplo a seguir, siempre me he sentido muy orgulloso de ella, y siempre la he admirado y respetado mucho. Ella nos inculcó los más firmes y puros valores y el respeto hacia los demás, cualquiera que fuese su condición, que todos somos iguales, con virtudes y defectos, pero nadie es más que otro por lo que es, sino por cómo es. Tenía un sentido común muy atinado, era una persona intachable, honesta y modesta como pocos, sumamente responsable, siempre de buen humor, transmitía una paz y una serenidad envidiables, era inmensamente cercana, tremendamente humana y generosa con todo y con todos, sabía escuchar a los demás e interesarse en sus cosas de una manera tan especial y agradable que te hacía sentir tan bien, y además luchó incansablemente ante las injusticias, se preocupó por los que menos tenían y puso su grano de arena para mejorar la calidad de vida de todas las personas que la rodearon y de manera especial la de las clases marginadas.

Guardo innumerables recuerdos de ella, tanto físicamente en algún cajón, como espiritualmente en mi memoria y mi corazón, y uno de los papeles que tengo guardados me ayudó a comprender el alcance de su aportación en el ámbito profesional, porque aunque siempre escuché que se hablen maravillas de ella, entre amigos, familiares y compañeros de trabajo, al leer la carta que el Sínodo de la UNAM le dirigió después de su examen profesional, me llenó de orgullo y satisfacción y me quedó más claro aún lo brillante, valiosa e importante que fue su contribución durante su carrera profesional. Seguramente en alguna parte de este libro se hará mención a dicha carta, pero aquí les comparto las frases que me enorgullecieron tanto: "Queremos hacer patente nuestro reconocimiento a la calidad de tu trabajo recepcional, el cual hace aportes importantes al campo de la educación y la pedagogía", "El nivel del documento escrito, refleja el compromiso social que has desarrollado durante tu trayectoria social y profesional, poniendo en alto el nombre de la Universidad Nacional, y en particular, el de nuestro Colegio de Pedagogía".

Jamás la escuché quejarse, ni en sus últimos días, en los que las fuerzas ya le flaqueaban y en los que pudo despedirse de mí, decirme cuánto me quería y admiraba, cuánto le dolía tener que irse tan pronto, que se quedaba con tantas ganas de disfrutar más de sus hijos y su nieta (o nietos) y me pidió que su adorada Ivana ya no la viera más, que prefería que la recordáramos como cuando estaba sana y así fue. Yo, apenas cerró los ojos y dio su último suspiro, no volví a verla, apliqué para mí lo mismo que me pidió con su nieta y quise no tener esa imagen en mi memoria y sólo recordarla viva.

Me decía que en la vida lo duro es asumir y aceptar lo que te ocurra, una vez pasada esa fase, todo es llevadero. Y así fue, porque siguió siendo el alma de la familia, nos seguía cuidando, ayudando y haciéndonos olvidar que estaba enferma. Siempre fue el centro de reunión familiar, fomentó tanta convivencia familiar y consintió nuestros paladares con infinidad de exquisitas recetas heredadas de la inolvidable yaya, cuidó que siempre estuviéramos unidos, nos dio mucho amor, comprensión y cariño.

Nos enseñó a ser confiados por naturaleza hasta que nos demostraran lo contrario. Nunca juzgaba a nadie, lo comprendiera o no, lo aceptaba tal cual era. Era suficientemente inteligente para saber que cada uno es distinto al otro y que los límites están en nuestra mente y no en lo que quieran imponer los demás y nos dio libertad para ir haciendo nuestros propios caminos ofreciendo siempre el acompañamiento, la guía o el consejo.

Siempre decía que sólo quería que la recordaran como una buena persona, que era a lo único que aspiraba y lo consiguió, me consta que la gente la quería y la quiere mucho, y todos la extrañamos demasiado y la echamos terriblemente de menos.

Yo tengo tantas cosas por las cuales agradecerle, empezando por haberme dado la vida, por haberme dado la educación que me dio, por los genes que me heredó, por haberme enseñado los caminos de la vida y por tantas y tantas cosas que, gracias a ella, aprendí y comprendí. Gracias a ella reconocí que el mayor tesoro no es aquel que acumulamos aquí en la tierra, sino el que guardamos en el corazón. Cómo olvidarme de su infinito amor, cómo olvidar esa voz que me llamaba la atención y esos sabios consejos que nunca estuvieron de más. Pero sobre todo, le agradezco al alma que me haya enseñado a encontrar la paz y la serenidad.

Este es, con mucho cariño y amor, y con el recuerdo siempre presente de mi tan querida madre, mi humilde y sencillo homenaje a la vida de Irene Duch Gary.

Febrero de 2014

Manuel A. Mercader Duch

El silencio de tu voz

En la inmensidad del universo, tu espontáneo susurro, así como el viento, viaja como un corcel galopando al escape, libre como las olas del mar que se deslizan en las arenas de tu imaginación, creando un lenguaje lleno de palabras que perduran en el abismo de tu mente; una mente atrevida, sin prejuicios, cubierta de espejos lúcidos que muestran la verdadera mirada de una mujer inigualable, que en tu suspirar, el cálido aliento de esa mirada, surge y está siempre presente en mi inquietud por entender tu razón. ¿Difícil o fácil de entender? Ninguna de las dos, diría yo, simplemente un poco enredado, cual telaraña de confusiones en el andar de tus pensamientos infinitos, que se pierden entre los bosques de tu alma; alegres y frondosos, pacíficos y majestuosos; iluminados por la paz de tu luna de plata que desborda la fantasía de aquellos que han seguido por el sendero de tus ideales, como una tortuga, cautelosa, paulatina, segura de sí y madre excepcional; sin duda alguna, este sendero que has recorrido, ha dejado en mí tu sombra blanca, que cubre mi ser con un manto de luz que le da la razón al entender de mis pensamientos y me dice que tu ausencia es parte de mi existir para trazar mi camino. Que "al andar se hace camino, arquitecto de tu propio destino", recuerdo me decías, con aquel discreto susurro que me llenaba de grandeza por entenderme; es, así, como tu verdadera forma de ser se esconde en el silencio de tu voz.

Sí, así es; hay tantas cosas que dice tu silencio...

Pablo

Recuerdo a Irene

Recuerdo a Irene y viajo hacia adentro, sonriente, con el abrazo de su mirada gentil; con su voz, fresca brisa de buen humor, y sus palabras, un regalo espléndido con mucho sentido para esta vida compleja, a veces rota, a veces transformadora.

Mujer, texto y contexto, filósofa, madre cósmica. Santa laica como te dijo Paco alguna vez. Sabia conductora. El trabajo por la educación liberadora, incluyente, la justicia y la paz seguirán siendo nuestros lazos vivientes. También tu poesía, sobre todo tu poesía y la de aquellos a quienes tanto admiraste. Amiga entrañable.

Acaso sobre el arduo bregar de la jornada
Se adivina, incontenible, la bienaventurada paz
Que nos espera en el límite del tiempo.
Y nos prepara para el encuentro definitivo,...

(Fragmento del poema "La señal de nuevas vidas", Irene Duch Gary. Marzo, 1998)

Marcela Montero Mendoza

La risa de Irene

Arribé a esta Península tan solo unos meses antes de que el cuerpo de tu hermano Juan, con todo y luces amarillas, hubiera regresado, inerte, a los hermosísimos cielos de la que también fuera su tierra. Como casi todas las personas que resultaron ser fundamentales en mi vida, no recuerdo bien a bien cuándo te vi a ti por vez primera. Es posible inclusive que haya escuchado tu voz antes de ver tu rostro. De ser así, debe haber sido en el Casal Catalá, durante la celebración de la Navidad a la que fuimos convidados mi Steve y yo, por quienes se hacían llamar tus ahijados. Habían hecho familia aunando ausencias y raíces, Manel (s/c) y tú, con Josep y Marianela. De haber sido esa vez, entonces fue tu voz a la que escuché primero y que me hizo voltear para ver tu rostro. Me costó trabajo luego atender a los comensales de mi mesa y más trabajo aún no contraer un calambre al voltear constantemente hacia ti para conversar. Y nos reímos. ¡Cómo nos reímos a partir de ese día y de tantas formas tú y yo!
 Pero también es posible que esa primera vez en que nos miramos —pues ver y mirar, en ti parecían constituir un único acontecer— haya sido en la oficina de un tremendo vidente, a quien nada académico se le puede negar, ese Rubén Reyes, quien en aquel entonces tenía una colaboradora hermosa, a quien no conocí realmente sino hasta que la enfermedad empezó a aletear alrededor de tus moradas, una Beatriz que, por fortuna, nada tenía de dantesco. Y a los pocos meses de mi llegada me fue dado hacer lo que tú hiciste en muchos otros frentes: levantar las primeras piedras

de un lugar donde puedan cundir las investigaciones humanísticas. Un recinto para la lectura, la escritura, la meditación y la enseñanza. Y ahí te recuerdo, esperándome fuera de mi oficina, sentada en el jardín de lo que fuera el hospital de los trabajadores del ferrocarril, de perfil, mirando a tus alrededores, disfrutando la belleza insólita de este lugar concebido para aliviar cuerpos infectados por fierros desviados, y también para sosegar ojos cegados por el sol que, al abrazarse de los rieles, quemaba la piel sudada de los heridos atrapados en el metal ardiente.

Nos abrimos las puertas de nuestras respectivas casas; pude contar a placer el número de hijos tuyos, sin mayor esfuerzo, por cierto, y pudiste medir la inmensa falta que me hacía el no poder llegar a tener ni la mitad de los que tuviste tú. Y a mis manos llegó un libro tuyo que leí con gran atención. Te escribí unos comentarios en una postal que algún día seguramente aparecerá en la geología de tus papeles, explorada por las manos amorosas del espeleólogo con el que te casaste, líneas que no recuerdo con precisión pero que apuntaban a la presencia de una intensidad sorprendente, tremenda, una aleación terrible de palabras y de silencios que en este momento solamente se me ocurre asociar con la sensualidad geométrica de los cartujos, que saben la virtud de callar y solamente permiten que su canto se eleve por las noches, a la luz tenue de unas pocas velas.

Tu risa, Irene, la mía, ¡cómo nos reímos! Ironía, sorna, pitorreo, albur, mofa, todos los registros del humor podían ser recorridos contigo, máxime que nos apasionaba la más volátil de todas las disciplinas esto es la pedagogía: parecíamos dos niñas haciendo bromas como si fueran arpegios destinados a transformarnos en virtuosas de la hilaridad. Y cuando lo divertido versaba sobre lo risible que pudiera resultar el comportamiento de otra persona, subíamos el tono y nos burlábamos de nosotras mismas, para pulir lo que del otro se había dicho y añadirle una pizca de ternura, justo la necesaria para que el sarcasmo guardara las distancias que le corresponden. Y así, al reírnos de las pequeñeces de otros para en seguida reírnos de nosotras mismas, dejábamos lugar, sin saberlo, a todas las simetrías y todas las transitividades a las que puede dar lugar la relación "reírse de", cuando el primero en ser burlado —en español yucateco el objeto de la burla es directo— es uno mismo. Y con la absoluta libertad que otorga la confianza de que nada de lo que pudiéramos decir fuera a ser usado en contra de nadie, ni siquiera de nosotras mismas, me adentrabas a tu Yucatán y a tus sueños universales, y nos dábamos vueltas por los confines de mis tierras y por mis proyectos que en aquel entonces parecían hacerle mucho al cuento.

Pero un día, el aleteo de la enfermedad se volvió trémolo –bien, mal, bien, mal–, y cada vez te era más difícil salir de tu casa. De modo que ahí coincidíamos, a veces, Rubén, Beatriz y otros, en una sucesión continua y cada vez más íntima. No sé si fue en una de esas ocasiones que vi por vez primera a otra Beatriz quien después iba a desempeñar un papel tan crucial en el advenimiento de mi maternidad. Comía a veces en tu casa donde aprendí que el frasco de aceite de olivo puede estar en la mesa siempre, cual una quinta pata de la susodicha, ahí puesto para reflejar la luz de la tarde. Y podía yo sentir la zozobra muda de tu ama de llaves parada junto a la estufa, contando con una tristeza que ella procuraba ocultar con bravura, los frijoles que no habías podido comerte. Y cuando no había nadie más, me daba yo –¿o será que tú me las dabas?– las licencias que quizá solamente puedan tener las personas recién desembarcadas en la vida de alguien. Me subía a tu cama, te besaba, te abrazaba, te contaba, te volvía a abrazar. Y tú me hablabas de los presentes y de los ausentes, me describías con precisión y gran ahorro de palabras, cuánto sufrían los dos hombres salidos de tu vientre y por supuesto el que habías escogido para vivir hombro a hombro. Decías lo sola que a veces te sentías porque tu Manuel trabajaba fuera de sol a sol, quizá por la cercanía candente que tuvo él con la amenaza, cada vez más precisa, de no encontrarte viva al regresar a casa.

Había desde luego trochas y veredas que no fueron de mis tiempos, al borde de las cuales simplemente me tocó sentarme por unos momentos. Pero esas eran, hasta cierto punto, compartibles con quienes me dejaban estar ahí. Así, una tarde te encontré con una bellísima mujer, amiga tuya desde que ustedes dos se acordaban de sí mismas. Y su conversación, que en parte en atención a mi persona incluyó recuerdos, hizo que se desvanecieran poco a poco puertas, techos, muros y ventanas, y entonces aparecieron, en calzoncillos arenosos, dos niñas pequeñas y divertidas, corriendo por donde el mar las dejaba pisar, inundadas de luz de sol y de gotas de agua salada, agarradas de la mano, jadeando entre risas y pisa y corre. Y ese día, lo juro, una Blanca y una Irene hicieron llegar el mar del Golfo de México al marco inferior de la ventana de una recámara de una casa de la colonia Alemán, en la que dos mujeres enternecidas las esperaban en estado de absoluta y alegre connivencia.

Tengo para mí que tu muerte fue algo así: mucho antes de que ésta sucediera, te acordaste de unos doctos que se preguntaban cuántos ángeles cabían en la punta de una aguja. Cuando te dijeron que el aleteo aquel no era precisamente el de un pájaro, y cuando tu cuerpo empezó a obsequiarte dolores punzantes, decidiste concentrar el dolor en la punta de uno de tus dedos. Ahí se clavó la aguja, que era de costurero, y en la extremidad que no tocaba tu piel enhebraste cuanto gozo y dolor pudiste, relacionados todos con lo que te importaba.

Por mucho tiempo, lograste transmutar tu dolor en el de los demás, y tanto éste como el regocijo de quienes te miraban, pasaban, con la intensidad de un rayo, por el dedo que les servía de soporte y te llegaban al alma. Este equilibro prodigioso tenía que reestablecerse una y otra vez, pero milagrosamente, solía darse, al menos en algunos momentos de tus trabajosos días.

Hasta que una mañana, ese dedo que todo lo soportaba amaneció frío y tieso, y no hubo cobija ni té hirviente ni mano humana que pudiese devolverle su calor. Entonces fue cuando te acordaste de otro filósofo, quien dijo que fue un dedo divino el que echó a andar el mundo, y que desde entonces había en éste la misma cantidad de movimiento cuya conservación estaba asegurada por el gran dueño de dicho dedo, hágase lo que se haga, y pase lo que pase. Entonces sentiste un franco alivio, resolviste dejar a un lado tu costura metafísica como recién lo hicieras con la ropa que ya no te quedaba, y habitada por esta última inspiración, cerraste los ojos. Y al hacerlo, lograste encarnar, de manera plena al fin, el significado de tu nombre griego.

Un poco antes de que esto sucediera, una tarde lluviosa, te fui a visitar a tu casa. Me recibió tu ama de llaves, quien estaba por irse. Imperaba un claroscuro extraño, y una vez que me hube acomodado en una esquina de las telas que te cobijaban, me dijiste que no estabas nada de (*sic*) bien. Hablamos poco ese día; creo que yo dije algo de mis primeras visitas al orfanato de la que saldría una hija a la que no ibas a tener tiempo de mirar y tú me hablaste un poco de la nieta tuya y de otro nieto que finalmente se extravió en algún limbo, no sé si antes o después de tu partida. La caída de la lluvia se hacía cada vez más presente, su percusión cubría nuestras voces. Nos dimos por vencidas, dejamos de hablar, y nos quedamos ahí largo rato, escuchándola caer sobre las tejas. Al fin dijiste que te gustaba mucho esa lluvia, y también dijiste algo sobre un mojarse. Te tomé la palabra al levantarme de tu lecho y te dije: ¡Ponte algo, porque te voy a llevar conmigo ahora mismo! En tus ojos brotó la chispa inconfundible a la que tanto quería yo, anunciadora de una sonrisa, misma que en seguida apareció: ancha, bella, irresistible. Y me contestaste con un tono pícaro: ¡Y tú no tienes NI IDEA de dónde te voy a llevar yo!

Nicole Ooms

Ex Sanatorio Rendón Peniche Ciudad de Mérida, Yucatán,

5 de diciembre de 2013-17 de octubre de 2017.

Índice

Presentación	7
Agradecimientos	9
Crónica de la bruma Esquemas para aspirar un perfume de barro y de rocío/*Rubén Reyes Ramírez*	13
Poemas dispersos **(1987-2003)**	45
Voy sujeta a un mirlo	47
Primavera	48
Suenan palomas	49
Flamenco del estero	50
Volverás a nacer	51
Cuadernos de Platero **(1982-1986)**	53
Poemas de octubre (1982)	55
Es preciso volar	55
Viento de profundas huellas	56

Camino	57
Mi palabra se cristaliza	58
Espejo de presagios (1986)	59
Encuentro	59
En el fusil atrincherado del crepúsculo	61
Luz del sepulcro ennegrecido	62
Abierta flor	63
Herida la noche cae	64

Poemarios (1987-2009) 65

Si abril y el viento (1987)	67
I 1982	67
Tierra sin huella	67
Un dolor de cauces infinitos	68
Agua de mis naufragios	69
Noche ausente	70
II 1983	71
Navegan mis recuerdos	71
Siempre tu voz	72
Día sin luz	74
Sueño en la noche	75
Se me deshace la mañana	77
Ave de plumaje ausente	78
Arriero de mi piel y de mi sangre	79
La noche se refleja	80
Manantiales de jazmines	81
Transparentes andamios	82
Una rama de cristal	83
Duelen las heridas	84
Una carreta de olvido	86

III 1985   87
    Silencio   87
    Aquella tarde   88
    Agua de silencios   89
    Permanezco   90
    En la raíz del tiempo   91
    Sólo el frío   92
    Con la conciencia limpia   93
    Un grito herido   94
    De la piel al alma   95
    Caravanas de coyotes   96
    Se nos desata la noche   97
    Cristal de mariposas   98
    Si abril y el viento   99
    Retorno a la esperanza   100
    Fantasma de mis sueños   101
IV 1986   102
    Cabalga el horizonte   102
    Huésped de la media noche   103
    Camino del silencio   104
    Astilla en la garganta   105
    Religión secreta   106
    Orfebre de la piel   107
    Mi anhelo anochecido   108
    La tristeza   109
    La calle   110
    Secreto paradigma   111
    Soliloquio del mar   112
    Peina la noche su cabellera   113
    Vengo del mar   114
    Prisionera   115
    Sudario en el olvido   116
    Vericuetos de mi sombra   117
    Pasarela de cartón   118

Un hato de amor entre las manos	119
De los ojos, las palomas	120
En la suavidad del agua	121
Dice la rosa	122
La nota de tu nombre en mi memoria	123

V 1987   124

Crisálida	124
De tus huesos el abono	125
Un viejo relicario	126
De la tierra	127
Volviéndose a la mar	128

Ceniza en flor
(2003)   129

Ha muerto la flor	129
A cada instante muero	130
Después de mi silencio	131
No ha llegado tu canto	132
Junto al mar	133
Eternidad	134
Tarde la noche	135
Huesos impíos	136
Sombras cercanas	137
Viajera de los mares	138
En el umbral de la conciencia	139
Figuras de papel	140
En lluvia de nostalgia	141
Una noche de abriles encantados	142
El café humeando	143
Ellas guardan el secreto	144
En el mar hay espejos	145
Las fuentes del viento	146
Desnuda	147

La cicatriz del invierno	148
Miraremos	149
La señal de nuevas vidas	150
Por el ojo del agua	151
Tu corazón	152
Desaparece la noche	153
Si el mar	154

Semillas de hojarasca 155

El viento un día	155
El viento, el mar y los recuerdos	156
Acaso luz	157
El agua de mi cuerpo	158
Desátame	159
Despertar de una noche larga	160
Con tu cuerpo y el mío	161
Vivir sin oír tu voz	162
Luz para todos	163
Sobre la hierba mojada	164
Certidumbre de las aguas	165
Recogeré las flores	166
Hoy he vuelto a encontrarme con la vida	167
La luz del manantial	168
Despacio	169
Esta noche	170
La dimensión de las rosas	171
La palabra	172
Un martes sin retorno	173
La verdad de esta tarde	174
Con la dulzura de las almas sencillas	175
Tus manos	176
Vierte tu cáliz	177
La gaviota hizo escala en el mar	178
Bebo del mar	179

La soledad	180
Tu presencia	181
Un blanco vuelo	182
Viento de abril	183

Astillas de luz
  2009   184

Mi corazón, semilla	184
La vida, a veces	185
En la vigilia discreta del amanecer	186
Por el cáliz errante del espejo	187
En los ojos vacíos de la tarde	188
Profeta de los sueños	189
Los alquimistas del silencio	190
Arenas del tiempo	191
Vientre de mar	192
Racimos de la tarde	193
Hasta el desnudo lindero de las ansias	194
El corazón deshabitado de la náusea	195
En la dulce melodía de mi llanto	196
Desde las orillas del tiempo	197
Tomar la luna con mis manos	198
En la noche del huerto	199
De las aguas, el recuerdo	200
Espejos de la realidad, nuestros cuerpos	201
Palabra luz	202
Quiero la voz	203
Siguen los sueños latiendo en mi costado	204
Al filo del instante	205
Carne doliente	206
Crecen los muertos	207
Dejo mi libro	208
De mi pecho, la gaviota	209

Soy un silencio que navega   210
Dulces sombras para contar   211
Por los pétalos del aire   212
Aves de paz   213
Altar de los presagios   214
En el último suspiro   215
Las cenizas, en la noche   216
Estarse sin estar   217
A deshojar la tarde   218
Es preciso volar   219

Poemas inéditos   221

La claridad de los silencios   223

Metamorfosis del tiempo   224

Si aún pudiera   225

Cruce de fuegos   226

Vértigo de ausencias en ráfagas   227

Cataluña   228

Por la luz del polvo   229

La ninfa de los sueños   230

Después, las palomas   231

Al nacer   232

Las aguas, por el manantial de la risa   233

Evocaciones   235

Irene Duch Gary o la serenidad
   de una vida/*Roger Campos Munguía*   237

Se fue Irene un miércoles/*F. Garibay*   244

Irene Duch Gary. El poderío de la belleza/
   Francisco López Cervantes   246

Mi humilde homenaje
   para Irene Duch Gary, mi madre/
   Manuel Mercader Duch   248

El silencio de tu voz/*Pablo Mercader Duch*   252

Recuerdo a Irene/*Marcela Montero*   253

La risa de Irene/*Nicole Ooms*   254

Editorial LibrosEnRed

LibrosEnRed es la Editorial Digital más completa en idioma español. Desde junio de 2000 trabajamos en la edición y venta de libros digitales e impresos bajo demanda.

Nuestra misión es facilitar a todos los autores la edición de sus obras y ofrecer a los lectores acceso rápido y económico a libros de todo tipo.

Editamos novelas, cuentos, poesías, tesis, investigaciones, manuales, monografías y toda variedad de contenidos. Brindamos la posibilidad de comercializar las obras desde Internet para millones de potenciales lectores. De este modo, intentamos fortalecer la difusión de los autores que escriben en español.

Ingrese a www.librosenred.com y conozca nuestro catálogo, compuesto por cientos de títulos clásicos y de autores contemporáneos.

www.ingramcontent.com/pod-product-compliance
Lightning Source LLC
Chambersburg PA
CBHW032003220426
43664CB00005B/122